JN495412

인터뷰에 응한 당신이 '예수' 라고요?

그걸 어떻게 믿을 수 있죠?

물 위를 걷고, 소경을 눈뜨게 하고, 죽은 자를 살리고…

이런 증거를 보여드리지는 못합니다.

다만 **진리를 알아보는 눈을 가진 사람**이라면

진실인지 거짓인지 직관적으로 판단할 수 있을 것입니다.

일단, 직접 읽어본 후 판단하십시오.

당신은 2,000년 전에 살다 간 사람입니다.
어떻게 인터뷰가 가능했죠?

우주의 언어인 '파장(波長)'을 통해서였습니다.
인터넷이 www(world wide web)를 통해
모든 것을 공유하듯
우주는 파장을 통해 모든 것을 공유합니다.
파장을 익히면 우주의 어떤 존재와도
시공을 초월한 대화를 할 수 있습니다.

과학으로 증명할 수 없는 일 아닌가요?

과학의 잣대로는 측정할 수 없는 일들이
다반사로 일어나는 곳이 정신의 세계입니다.
과학이 있음에도 반복되는 천재(天災)를
어쩌지 못하는 것이 현 인류의 과학 수준이지 않은지요?
믿고 싶지 않으면 안 믿어도 되는 것이나
이러한 한계가 있음은 알아야 할 것입니다.

『성경』은 당신이 신의 독생자이자 메시아라고 말합니다.
『다빈치 코드』라는 책은 뛰어난 인간 예언자였다고 말합니다.
어느 쪽이 맞습니까?

하늘이 곧 메시아라고 이야기하였을 뿐
제가 스스로 메시아라고 말한 적은 없습니다.
후세인들이 저를 그렇게 만든 것이지요.
이러한 신격화는 당시의 우매한 대중을 교화하기 위해
어느 정도 필요하기도 했습니다.

당신이 막달라 마리아와 결혼한 사이였다는 주장도 있습니다.
그녀와는 어떤 관계였나요?

서로 존경하는 사이였습니다.
여성이지만 제자로서,
함께 하늘의 길을 가는 사람으로서
인간적인 사랑을 주었던 이는 막달라 마리아가
가장 우선이었지요.

당신을 메시아로 믿고 따르는 이가 많습니다.
그들에게 하고 싶은 말이 있나요?

신성(神性)은 각자의 내면에
잠재되어 있음을 기억해 주십시오.
절대자를 믿고 따르는 것만으로는 안 되며
스스로 신성을 갈고 닦아
자신의 것으로 만드는 일이 필요합니다.
자신의 죄는 누구도 대신 받아줄 수 없지요.
구원 또한 마찬가지입니다.

이 내용들이 사실이라면 대사건이 아닐 수 없습니다.
지금 이 시대에 이런 인터뷰가 나온 배경이 있을까요?

종교가 서로 벽을 허물고 화해하는 시대입니다.
각자 고수해온 각자의 하늘, 닫힌 하늘에서 벗어나
점차 보편의 우주, 열린 우주로 나아가는 시대지요.
이 인터뷰는 이러한 흐름이 나아갈 방향을 안내하는
이정표가 될 것입니다.

한 명상가와 예수의
리얼 타임 대화록

# 예수 인터뷰

문화영

arui

# 예수 인터뷰

ⓒ문화영.2006

**지은이**|문화영 **1판4쇄**|2006년 8월 17일
**펴낸이**|강윤석 **펴낸곳**|아루이 프로덕션 **기획**|김홍진 **편집**|정향애, 김동철 **마케팅**|김대만, 양승환
**출판등록**|2006년 4월 12일 (제300-2006-0044호) **주소**|서울시 종로구 적선동 19번지 2층
**전화**|02)737-9454, 9455 **팩스**|02)737-9456 **홈페이지**|www.jesusinterview.org

* 본문 이미지는 김석종 작가의 작품이므로 무단 사용을 금합니다.

ISBN 89-956546-2-7 03810

# 이 부활의 춤을 추고 싶다

대학을 졸업하면서 앞가림도 못하는 주제에
연극한답시고 무대에 미쳐 살았다.
밥 세끼는 고사하고 겨우 라면으로 끼니를 때우던 시절이었다.
벌이가 없으니 아내는 보험회사를 다녔고 아이는
시골 친정집에 맡겨야 했다.
그러던 20대 후반 어느 날, 만 22개월 된 아들을 잃었다.
따뜻한 봄볕이 온누리에 가득하던 4월 시골 논두렁 둠벙에서
아들의 시신을 건져내었다.
아무도 아이가 둠벙에 빠진 것을 본 사람이 없었다.
찾다 찾다 못해 날이 저물자 혹시나 하여 둠벙을
작대기로 휘적거리자 거기서 아이의 시신이 나온 것이다.

아들의 시신을 땅에 묻던 날 아내는
논바닥에 나뒹굴며 절규했고, 나는 동네 장정들의 팔에 묶인 채
한 발짝도 움직일 수 없었다.

아이가 간 것이다.
나는 그렇게 아들을 가슴에 묻었다.

나는 오랫동안 세수를 하지 못했다.
아들을 데려간 물에 손을 댈 수가 없었다.
잠을 못 이루며 미친개처럼 쏘다녔다.
못 마시던 술을 그때 배웠다.
독한 동해고량주 한 병을 병째 그냥 단숨에 들이켜 대도
허해서 미쳐버릴 것 같은 속을 달랠 길이 없었다.
죄와 업보를 찾아 밤낮으로 산천을 헤매었다.
생과 사의 의미를 찾아 걷고 또 걸었다.
어디를 가도 나의 죄와 업보가 보였다.
아이의 모습이 가는 구석구석 눈에 밟혔다.

'모두 부질없구나' '내 것이라는 게 있는가?'
'자식도 데려가거늘 무엇에 연연하고 살았는가?'
내 몸뚱아리며 내 자식이라는 이 '내 것'의 허망한 끝을 보았다.
어리석은 나를 보았다.

이 절 저 절을 다녔다.
당대 고승이었던 경봉선사를 찾아도 가보았지만 그곳의 극락암도
나를 붙잡아 두질 못했다.

'가자'

출가의 길로 히말라야를 택했다.

거기 붓다의 기운이 나를 부르고 있었다.

어디에서도 답을 구하지 못한 채 인도로 가고 있었다.

그 길로 인도에서 3년을 보내며 영적 지도자들을 만났다.

크리쉬나무르티, 달라이라마, 라즈니쉬 등 이 세상에

깨우침을 들고 나온 당대의 붓다들을 만나며 내 길을 찾고 있었다.

히말라야 동굴에서 용맹정진을 쏟으며 백척간두의 길을 걸었다.

티벳 고원과 갠지스 강을 건너며 인도 구석구석을 만행했다.

몇 번의 죽을 고비를 넘기며 수행은 힘든 것이라는 사실도 깨달았다.

스스로 가시밭길이라고 각오를 하며 '내 공부' 를 하기 위해서라면

물불을 가리지 않았고 수행의 끈을 놓지 않았다.

딩구라는 열병에 몸이 불덩이처럼 달아올라 사경을 헤맸을 때도

병원은 생각지도 않았고 요가의 요법으로 오줌을 받아 마시며

죽음이라는 동굴을 벗어났다.

그렇게 50도를 오르내리는 불의 땅 인도에서

병에 시달리며, 춤을 추며,

구루라는 구루는 다 찾아다니면서 내 30대 초반을 보내었다.

나는 또다시 산을 넘고 있었다.

구도행각의 다른 한 켠에서 신의 영역과 신성체험의 교감으로

나를 열어주었던 것은 연극과 춤이었다.

그것을 생활의 방편으로 삼아 외국 대학에서
강의와 공연도 하면서 창작의 세계에서 놀고 살았다.

그러던 중, 젊은 시절부터 해온 용맹정진이며 백척간두의 만행들은
진일보하는 기색이 안 보였다.
선방에서의 참선도 요가의 몸 다스리기도
오래 전 지나버린 옛날이야기처럼 진부하게 다가왔다.
인도의 112가지 명상법을 가지고서 여기저기서 가르쳐도 봤지만
내 것이 아닌 것으로는 확철대오의 길을 보여줄 수도, 보이지도 않았다.

여태껏 해 왔던 일들이 덧없기만 했다.
칼 같은 정신이 닥쳐오는 세파에 묻히며 수련의 끈은 느슨해져 갔다.
하루하루가 매너리즘에 빠져들고 있었다.
세상타령, 술타령에 스스로 잡놈이 되어 간다는 자책감에 사로잡혔다.

덧없음이 너무나 뼈저리던 어느 날,
결국 수행이며 창작이며 하는 나의 짓거리를 모두 접어버렸다.
현실적인 만족을 채워 줄 수 없었던 아내에게도
집과 가졌던 물건도 모두 줘버리고 깨끗이 정리 해주었다.

빈털터리가 되고 나니 참 홀가분했다.
아무것도 소유하지 않았던 인도에서의 고행이 떠올랐다.
아내와도 아주 결별을 하고 세간을 떠나 혼자 산골로 들어갔다.

인적이 없는 오지의 산방에서 지내던 어느 날 손님이 찾아왔다.
전도사들이였다.
성경을 손에 든 그들에게 차를 대접했다.
우리는 예수님을 함께 이야기했다.
그 분들의 말씀은 좋았지만
내 마음은 다른 곳을 향해 묻고 있었다.

왜 나의 가족을 만났는가? 왜 이런 고통을 안고 사는 것인가?
왜 수행을 해도 해결되지 못하는가?
막연한 것보다는 확실한 답을 알고 싶었다.

천당, 지옥...
난 아무래도 좋았지만
예수님이 성경 속에서 다 말씀하시지 못한 다른 차원의 해답이
있을 거라 믿고 싶었다.

나와 예수님과의 만남은 아주 어린 시절부터다.
성탄절이 되면 떡 받아먹는 재미에 예배당에서 예수님을 만났고,
미션스쿨이었던 중고등학교 예배시간에
찬송과 주기도문을 외면서 만났다.
연극을 하게 되면서부터는
무대에서 예수님 역할로 만나게 되었다.
서울, 미국, 뉴욕, 독일 뮌헨 등지에서 공연을 하면서
'황색예수', '명동예수' 라는 평을 들으며 이름도 많이 알려졌다.

공연은 곧 명상이었으며, 춤을 통한 초월적 시공간을 넘나드는 체험들이었다.
예수 역할에 빠져들며 현실의 공간과 영성공간을 넘나드는 현상은 해 본 자만이 느낄 수 있는 특이한 경험이었다.
공연의 끝은 깊은 명상을 하고 깨어남 그 자체였다.
다른 세계에 갔다 오는 것이었다.
배우는 공연하는 동안 내내 그 역할에 빠져있어야 좋은 무대를 올 릴 수 있다고 한다.
난 행운아였는지 예수 역을 맡으면 막이 내릴 때까지 늘 예수와 함께 했었던 것 같다.

지난 겨울 나는 다시 예수님을 만났다.
자욱한 안개 속을 걷고 있었던 나에게
이 책과의 만남은 천둥번개의 울림이었다.
흘러간 30년의 어리석음을 후려치고 있었다.
먹구름 안에서 나는 그동안 어딜 향해 가고 있었단 말인가?
이미 햇살이 떠올라 온 누리를 비추고 있었건만
창문을 닫은 채 무엇을 하고 있었단 말인가?

책은 30년 동안 깜깜했던 내 어리석음의 방, 그 내면의 세상에 불을 환히 켜주었다.
신의 영역, 신 그 자체였던 예수가 새롭게 이 세상에 오고 있었다.
예수님을 무대에서 수없이 만나던 그 때 뭔가 잡힐 듯 말 듯 하던 느낌의 실체를 내가 만난 것이다.

나를 향한 진정한 부활의 문이 열리고 있었다.
온 누리의 모든 진실들이 밝혀지는 서막인지도 모르는 것이었다.
아마도 어쩌면 종교적 르네상스를 예고하는 것이 아닐까?

나는 주린 배를 단번에 채우듯 또 다른 책들을 읽어갔다.
허준, 이지함, 이순신, 율곡, 사임당, 황진이... 등
이 땅의 위대한 선인들의 실체가 펼쳐지고 있었다.
이것은 책을 통해 명백한 사실로 드러난 엄청난 신화였다.
신앙도, 구도행각도 해결해 주지 못 했던 내 인생의 의문과,
고해라고 생각하며 여기저기 상처를 주고받고 살아왔던
이생의 모든 것들에 대한 해답이 이미 준비되어
나 자신과 만나주기를 기다리고 있었다.

어떻게 이 나라 이곳에 그 답이 있었던가?
생각만 해도 설레었고 신기하기만 했다.

인생의 본질을 참회의 눈으로 들여다보게 된 계기는
어린 아들의 죽음이었다.
덕분에 난 이렇게 살아서 본성에 다가가고 있었다.
피지도 못하고 봄날 땅속으로 져 버린 어린 아들을 생각하면
목이 메었다.

어서 어서 그 언덕을 넘자.
강을 건너자.

저 언덕 너머에 문이 있단다.
우리가 올 때를 기다리고 있단다.
그 문이 바로 여기란다.

듣지도 보지도 못했던 우주이야기들이 얼마나 궁금했겠니?
헤로도토스의 별이며 이지함 선인의 구도의 길이며
허준 선인의 선계마을이 얼마나 신기하겠니?
아마 사람들은 황당무계한 일이라고 생각하겠지...?

스승님의 책을 처음 머리맡에 둔 날 난 잠을 이루질 못했다.
새해 첫 날, 삼배로 살아계신 스승님께 맞절을 올리며
나의 본성은 울었다.
인도 만행 길에서 하염없이 흘러내리던 눈물과 그 세포들이
다시 깨어나 울고 있었다.
천둥 번개가 내 영성을 깨우고 온몸 세포가 새로 일어나 떨었다.
길가의 풀 한 포기만도 못하게 살아온 지난 세월의 어리석음이
칠흑의 긴 겨울밤을 진동시키고 있었다.

그냥 동네 분 같았다.
대성약범(大聖若凡)이라고 했듯이 각자라고 하는
사람들한테 흔히 있는 그런 티가 나지 않는 평범한 얼굴이셨다.
선생님의 소박함은 모든 것을 끌어당기고 있었다.
그동안 내가 신격화해온 영적 지도자들의 모습들이 무너지고

편안함과 틀 없는 자연스러움 속에서 맑은 기운은 폭포수처럼
쏟아져 내렸다.

오 메시아 NO를 읽고 난 춤을 추었다.
스스로의 춤으로 예수와 함께 하고 있었다.
나는 그렇게 명상 아루이 수선대에서 송년의 밤을 보냈다.

나는 춤을 추었다.
부활의 춤을 추었다.
탄생의 춤을 추었다.
스승을 맞으며 춤을 추었다.
예수를 맞으며 춤을 추었다.

거기, 하늘과 하나 됨의 춤을 추는 나를 보았다.
아루이 샘물을 온몸으로 받으며 춤을 추었다.
지난날의 어리석음과 멍에의 돌을 하나씩 내려놓으며 춤을 추었다.
모두와 함께 이 부활의 춤을 추고 싶다.

**강만홍 _** 미국 트리니티 대학 교수 역임, 서울 예술대학 교수 역임, 현 연극인

# 인터뷰 순서

## 인기의 비결은?

Mun hwa young(이하 Mun) 인류역사상 가장 많이 팔린 책이 성경이며, 가장 영향력이 큰 인물 중에 예수님께서 단연 톱을 달리십니다.

특히 제가 살고 있는 한국에서도 5천년 역사를 통틀어 가장 빠른 시일 내에 가장 많은 사람들에게 가장 큰 영향력을 행사하고 계십니다.

그것도 외국인으로서 말이죠.

그 인기의 비결이 어디에 있다고 생각하시는지요?

Jesus 인기라기보다는 영혼에의 접근입니다.

인간의 가장 취약점 중의 하나는 바로 영혼이라는 부분에 대하여 민감하다는 것입니다.

이 영혼은 육체와 함께 인간의 본체를 이루고 있는 둘 중의 하나이면서 보이지 않습니다.

하지만 사실상 인간을 지배하고 있는 것은 이 영혼입니다.

이 영혼을 가장 사실적인 주제로 가지고 있으면서 가장 현실적으로 접근하였습니다.

그러한 점이 많은 인간들을 사로잡고 있는 것입니다.

이것은 또한 가장 인간적이면서도 가장 신의 영역에 가까운 부분을 말해주고 있습니다.

인간은 스스로 자신의 부족함을 알고 있으므로 신의 영역에 다가가기 위하여 많은 노력을 하고 있습니다.

이러한 노력 중에서 평범한 인간의 힘으로 가능한 영역에 대하여 논하였습니다.

인간은 스스로 자신의 부족함을 알고 있으므로 신의 영역에 다가가기 위하여 많은 노력을 하고 있습니다.
이러한 노력 중에서 평범한 인간의 힘으로 가능한 영역에 대하여 논하였습니다.

그래서 인간의 감정에 충실하면서도 하늘의 도리를 논하도록 하였지요.
저의 가르침은 모든 인간들이 스스로 한계를 알고 이 한계를 인정하도록 하며, 그러한 가운데 진화의 기회를 갖고자 하도록 유도한다는데 있습니다.
이러한 점이 바로 인간들의 취약점을 자극하여 그러한 결과를 가져왔을 것입니다.

Mun 저와는 전생에 알고 지내던 사이이신지요?
혹시 모르는 사이일지라도 인류의 진화를 위해 기꺼이 대화에 응해 주실 것인지요?

Jesus 그렇습니다.
선생님과 저는 오랜 기간을 알고 지내던 사이지요.
다만 그동안 대화가 없었을 뿐입니다.
대화를 나누는 것은 얼마든지 가능합니다.
서로 못할 것이 없지요.
초등학교 선생이라 해서 대학교수와 대화가 안 되는 것은 아니지요.
제가 영적인 부분을 터치한다고 해서 그것 자체가 선생님께서 선계의 가르침을 펴심에 걸림돌이 된다고 생각지는 않아요.
얼마든지 가능합니다.

## 마리아는 처녀였는지?

Mun 탄생에 대해 문의합니다.

왜 그 같은 방법으로 지상에 나오게 되셨는지요?

어머니는 마리아이시라지만, 아버지는 누구이신지요?

혹자의 추측에 의하면 우주인이라고도 하며, 혹은 친척의 부름을 받고 고향을 떠나 있을 때 누군가에 의해 임신이 되었다고도 합니다.

정령 부부 관계없이 탄생하신 분이신지요?

탄생에 대한 비밀을 문의합니다.

왜 또 마구간을 택하여 태어나셨는지요?

Jesus 우주에서 양성간의 교합으로 인간이 탄생하는 것은 반드시 정해진 것은 아닙니다.

원리가 그렇다는 것이지 모든 우주의 생명체들이 그러한 방식으로 태어나는 것은 아니지요.

원래는 저도 인간의 몸을 받기 위해서는 인간의 방식으로 태어나야 하는 것이었으나 그렇게 태어나다 보면 우매한 대중을 사로잡음에 있어 부족함이 있지요.

그래서 탄생에 있어 신의 방법을 사용한 것입니다.

즉 "단 종 교배"의 방법으로 태어난 것이지요.

마리아는 처녀였던 것이 맞습니다.

아버지는 우주 본체입니다.

우주 본체는 어떠한 결과물도 만들어 낼 수 있지요.

정자의 역할을 하는 것은 너무도 쉬운 일입니다.

당시에 마굿간은 지저분한 곳이 아니었습니다.
마구가 놓아져 있던 곳으로써 마구와 말의 먹이인 풀이 있었던 곳이지요.
이 장소는 어머니인 마리아께서 택하신 곳으로써 저는 관여치 않았던 곳이지요.
그러한 것은 저의 생각 밖에 있었던 부분입니다.

**단종 교배와 성교**

Mun "단 종 교배"에 대하여 자세히 문의합니다.

Jesus 단 종 교배는 인간의 상식으로는 극히 이례적인 현상으로써 아주 일부의 경우 반드시 필요할 때에만 시행하는 것입니다.
그래서 단 종 교배로 탄생하였을 경우 자손을 둘 수 없습니다.
관계는 가능하나 일부 기능이 제한되는 것이지요.
천종이되 인간을 근본으로 하지 않는 천종으로서 이러한 종족이 인간계에 번식하는 것은 많은 혼란을 야기할 수 있지요.
그래서 저의 경우 자식이 없었던 것입니다.
저의 스케줄이지요.
이 부분에 대해서는 더 이상 논하지 않는 것이 좋겠습니다.
차후 별도로 논할 기회가 있으면 좋겠습니다.

Mun 어떤 절차와 과정을 거쳐서 이루어지는 일인지요?

Jesus 하늘은 무엇이든 불가능한 것이 없습니다.

인간이 인간의 한계를 넘어가려면 신의 영역을 알아야 하며 신의 영역은 인간으로써는 넘볼 수 없는 부분이 있지요.
단 종 교배는 이 영역에서 컨트롤되고 있는 것이므로 인간의 신뢰와는 별개라고 할 수 있습니다.

인간도 가능한 일을 하늘이 어찌 불가능할 것인지요?
다만 성관계가 없었을 뿐 교배는 이루어지는 것이지요.
인간의 번식은 정자와 난자가 만나서 이루어지는 일임은 초등학생도 알고 있는 상식입니다. 헌데 정자와 난자가 만나는 방법상의 차이는 아주 간단한 것입니다.
하늘이 그 정도도 못할 리는 없겠지요.
인간의 성교는 단순히 번식을 위한 관계 이상의 내용이 있습니다.
정신의 영역에서 이루어지는 교감이 있는 것이지요.
인간과 동물의 차이는 성관계에서 가장 잘 나타나는 것입니다.
인간은 상호간의 관계 확인을 위해서도 성교를 하지요.
그것이 좋은 관계일 수도 있고 나쁜 관계일 수도 있으며, 상하관계일 수도 있고 수평관계일 수도 있으나 성관계가 이루어지면서 모든 것이 수평하게 되지요.
하늘은 자연스레 형성된 역량에 의한 차이 외에는 다른 차이를 두지 않으므로 등급에 따른 구분만이 있을 뿐입니다.
인간은 다양한 차이를 가지고 있으므로 이러한 차이가 동등해지려는 욕구를 자극하여 진화를 촉진하는 것이지요.
이러한 차이를 가장 쉽게 극복할 수 있는 것이 바로 사랑이고 사랑하는 남녀가 성관계를 가지고 나면 다른 차이를 넘어서 모든 것이 통할 수 있는 관계, 즉 수평에 가까운 관계가 되는 것이지요.
무조건적인 신뢰를 가지게 되는 것이고요.
인간의 심적 수준이 하늘과 유사한 정도가 되면 인간들이 기적이라고 부르는 일이 일어나는 것은 바로 하늘과 교감이 가능한 결과입니다.

이 상태에서 단 종 교배가 이루어지는 것이지요.

Mun 과학에 물든 현대인들이 믿을 수 있겠는지요?

Jesus 종교의 힘은 하늘의 힘을 현세화하는 경우가 많으며, 이 과정에서 인간의 과학의 잣대로 측정할 수 없는 많은 일들이 있습니다.

인간의 과학이란 인간의 물질적 수준을 벗어날 수 없으며, 따라서 그것은 인간이 정신문명을 발전시킴에 있어 가장 큰 장애가 되는 것이지요.

인간의 능력으로는 불가사의한 일이 아주 자연스레 일어나는 곳이 정신의 세계이고 이러한 결과가 그대로 남아 있는 곳이 이 세상이기도 하지요.

종교의 힘은 바로 이 "인간의 상식으로는 믿을 수 없음"에서 기인하는 바가 있습니다.

이 부분이 절대적인 신뢰, 즉 무조건적인 추종을 만들어내는 것이고 이것이 바로 물질계에서 정신계로 넘어가는 과정을 이끌어 주는 것이지요.

神(하늘, 우주를 구성하고 있는 주체로서의)에 대한 믿음은 절대적인 것이어야 함을 알아야 하며, 바로 이 점이 인간을 결정적으로 진화시킬 수 있는 열쇠이지요.

인간이 인간의 한계를 넘어가려면 신의 영역을 알아야 하며 신의 영역은 인간으로써는 넘볼 수 없는 부분이 있지요.

단 종 교배는 이 영역에서 컨트롤되고 있는 것이므로 인간의 신뢰와는 별개라고 할 수 있습니다.

믿고 싶지 않으면 안 믿으면 되는 것이지요.

하지만 이러한 부분이 물질계와 정신계를 넘나드는 핵심임은 알아야겠지요.

Mun 생년월일은 언제인지요?

Jesus 성탄절입니다.

다른 설이 여러 가지 있으나 성탄절이 생일인 것으로 기억합니다.

뚜렷한 일자를 명시해서 기억하는 것보다 대충 그 정도 될 것이라고 보고 있습니다.

당시에 비교할 달력이 명확하지 않아 그 정도로 보고 있습니다만 아마 맞을 것입니다.

Mun 예수님의 직업은 무엇이었는지요?

목수라고도, 돌이나 철물도 다룰 줄 아는 막 일군이라고도 합니다.

그런 직업을 택하여 태어나신 이유는 무엇인지요?

Jesus 당시에 가장 주류를 이루던 직업은 목동이었으며, 그 이외의 일들은 소수의 사람들이 하였지요.

저는 항상 생각을 하기에 편한 일을 하여야 하였으므로 돌아다니지 않고 한 자리에 머무는 것을 좋아하였지요.

생각하기 편한 일을 하다 보니 목동처럼 항상 살펴보면서 돌아다니는 일 이외의 일을 하였던 것입니다.

무슨 특별한 이유가 있었던 것은 아니고요.

글은 당시의 정규교육기관에서 공부한 것이 아니고 다른 사람이 쓰는 것을 보고 익힌 것입니다.
문자란 그 사회의 약속이므로 정해진 내용을 전달할 필요성을 충족하면 되는 것이 아닌가요?

## 나의 성공은 절반의 성공

Mun 교육은 어디서 어떤 교육을 어느 정도까지 받으셨는지요?

간음한 여성[1]을 끌고 온 사람들 앞에서 땅바닥에 무엇인가 글씨를 쓰셨다는 기록으로 보아 글을 아셨던 분으로 여겨집니다.

혹자는 세례요한[2]의 종교집단에 가담하여 활동했다고도 하며 인도로 건너가 요가나 호흡을 배웠을 것이라고도 하며, 중국 대륙으로 건너가 티베트의 불교사상에도 빠졌을 것이라고도 합니다.

출생 이후 12세에 잠깐 등장하셨다가 30세에야 본격적으로 등장하신 것으로 인하여 성장과정에 대한 추측이 난무합니다.

그 기간 동안 어디서 무엇을 하며, 무슨 꿈을 꾸며, 누구에게 가장 큰 영향을 받으셨는지요?

호흡은 누구에게서 배우셨으며, 영통을 하거나 신통력을 구사하는 등의 능력은 어떻게 습득하신 것인지요?

Jesus 원래 영적으로 영통하게 태어나긴 하였으나 인간의 몸을 받은 이상 인간의 한계를 벗어나기는 쉽지 않았지요.

자칫하면 무엇을 하려고 태어났는지 길을 잃을 뻔하기도 하였지요.

글은 당시의 정규교육기관에서 공부한 것이 아니고 다른 사람이 쓰는 것을 보고 익힌 것입니다.

---

1) 간음한 여인에 관한 내용은 요한복음 8장 6절에 나온다. 땅바닥에 어떤 내용을 썼는지는 기록되어 있지 않으며, 예수가 "너희 중에 죄 없는 자가 먼저 돌로 치라" 하자 모두들 양심에 가책을 받아 하나 둘씩 떠나갔다.

2) 세례요한은 제사장 사가랴와 엘리사벳의 소생이다. 요단강에서 예수에게 세례를 주었으며(마태복음3장 13~17절) 길 예비자 사명을 받고 왔다(요한복음 1장 7~8절). 그러나 예수의 제자가 되지 아니하고 별도로 세례를 베풀었다.

문자란 그 사회의 약속이므로 정해진 내용을 전달할 필요성을 충족하면 되는 것이 아닌가요?

호흡은 태어나면서 공기를 접했을 때 이것을 통하여 많은 것을 습득할 수 있고 그 중에서 가장 중요한 것은 호흡을 통하여 우주의 본질을 접하고 이것을 터득할 수 있음에 대한 확신이었지요.

티베트에서 불교사상에 빠진 것이라기보다는 불교 및 샤머니즘을 비롯한 수십, 수백 가지의 숭배 유형을 접하고 이들과의 교류를 통하여 저만의 길을 정하기 위해 탐구를 했던 것이지요.

여러 해 동안 접했던 다양한 문화와 종교들은 제가 길을 정하는데 많은 도움이 되었지요.

말하자면 틈새시장을 찾아냄에 결정적 도움이 되었던 것이지요.

그 동안 접했던 많은 것들은 정말로 인간들에게 많은 도움을 주고 있는 것을 보았고요.

신통력은 하늘의 힘이자 우주의 힘이며, 저는 시간적으로 이용하였을 뿐이지요.

그리고 당시에는 별 것 아닌 초자연적 현상이 신격화되기에 충분할 정도로 인간의 수준이 높지 않았던 것도 그러한 것을 가능케 하였던 것 중의 하나이지요.

제 힘이 아니라 제가 원하는 것을 하늘이 해준 것이지요.

선생님께서 아시고 계신 방법입니다.

헌데 진정 저와 대화를 하고 싶으신 이유는 무엇인지요?

Mun 예수님을 알고 분석하고 싶기 때문입니다.

Jesus 그렇게 해서 무엇을 하시겠다는 것인지요?

Mun 하늘과 우주를 알고 인간의 진화를 위해 반드시 알아야 할 사람

신통력은 하늘의 힘이자 우주의 힘이며, 저는 시간적으로 이용하였을 뿐이지요. 그리고 당시에는 별 것 아닌 초자연적 현상이 신격화되기에 충분할 정도로 인간의 수준이 높지 않았던 것도 그러한 것을 가능케 하였던 것 중의 하나이지요.

중의 한 분이 예수님이기 때문입니다.

Jesus 단순히 그 이유인지요?

Mun 일단은 그것이며, 그 이상은 예수님을 파악하고 난 후 다시 결정할 문제입니다.

Jesus 저를 알고 나면 어찌 하실 생각이신지요?

Mun 일단 알고 나서 결정할 일이라고 하지 않았는지요?
왜 두려운 점이 있으신지요?

Jesus 아닙니다.
더 이상 망가질 일이 있겠습니까.
사실 저로 인하여 많은 인간들이 개화되기도 하였으나 그렇지 않은 면도 많이 있습니다.
절반의 성공이라고 할 수 있지요.
성직자란 자들은 사실 하늘에 대한 과도한 기대 때문에 하늘의 존재에 대하여 부정적인 경우가 더 많습니다.
교회에 다니는 사람들이 성실하고 착하게 살려하는 것이지 저를 팔아서 생계를 유지하고자 하는 사람들은 사악한 경우가 더욱 많은 것 같습니다.

Mun 알고 있었는지요?

Jesus 어찌 모를 수 있겠습니까?

Mun 그렇다면 어찌 바로 잡을 생각을 하지 않았는지요?

Jesus 인간의 마음은 그리 간단치 않아서 제가 바로 잡으려 해서 잡을 수 있는 것이 아니옵고 스스로 잡혀야 되는 것이었습니다.
지금도 제가 무한히 신경을 쓰는 부분이 바로 이 부분입니다.
저를 신격화하고 저를 위대한 인물로 내세우면서 사실상은 그 뒤에서 다른 짓을 하는 많은 사람들을 보면서 신성시 되는 것이 과연 좋은 점만 있는 것인가 하는 의문을 갖고 있습니다.

이것이 바로 문제라면 문제일 수 있겠습니다.

Mun 그것을 짐작치 못하였는지요?

Jesus 당시에는 모든 것이 재미있는 결과로 나올 수 있을 것으로 보고 있었으므로 그러한 생각을 하지 않고 있었던 것입니다.

Mun 그럴 리가 있겠는지요?

인간세상은 너무도 다양하여 신도 상상할 수 없는 많은 변수들이 너무나 많이 존재하는 곳이지요.

오히려 이곳에서 나오는 파장으로 연명하는 신들도 수없이 많이 있는 실정이지요.

Jesus 그래도 어느 정도는 틀이 있을 것으로 생각하고 있었습니다.

헌데 제가 생각하는 이상으로 인간세상은 무궁한 변화가 존재하는 곳이었습니다.

Mun 그것을 언제 알았는지요?

Jesus 그것을 빨리 알았더라면 무슨 문제가 있겠습니까?

아니 빨리 알았더라면 현재의 저는 없을런지도 모릅니다.

Mun 하지만 예수님께서는 인류 역사상 가장 성공한 분 중의 한 분이 아닌지요?

Jesus 어떤 면에서는 그렇지요.

하지만 성공의 기준에 따라서는 그럴 수 있습니다만 어떤 면에서는 그렇지 않습니다.

Mun 어떤 면에서 실패하였다고 생각하는지요?

Jesus 절대적인 선의 방향으로 이끌지 못하였습니다.

인간의 마음은 그리 간단치 않아서 제가 바로 잡으려 해서 잡을 수 있는 것이 아니옵고 스스로 잡혀야 되는 것이었습니다. 지금도 제가 무한히 신경을 쓰는 부분이 바로 이 부분입니다.

Mun 그것이 어찌 예수님의 힘으로 가능하다고 생각하는지요?

Jesus 그것을 몰랐던 것이 바로 지금 뉘우치고 있는 부분이지요.

Mun 어떠한 신도 인간의 모든 것을 조정할 수는 없는 것입니다.

인간 각자의 내부에 잠재된 신성[3](神性) 때문이지요.

그래서 절대자를 믿고 따르는 것만으로는 안 되고 신성을 스스로 갈고 닦아 진정 자신의 것으로 만드는 수련이 필요한 것이지요.

Jesus 그렇습니다.

그것을 몰랐던 것이 저의 불찰입니다.

Mun 그래도 속(俗)의 관점에서 보면 예수님께서는 성공한 분이시지요.

Jesus 베스트셀러를 만들었고 추종하는 사람들을 많이 만들었다는 점에서 그렇게 볼 수도 있겠지요.

하지만 그것이 무슨 의미가 있습니까?

Mun 그 정도의 가르침을 내린 것이 어찌 대단한 의미가 있는 일이 아닌지요?

Jesus 지금은 스스로 만족되지 않는군요.

Mun ..........

Jesus ..........

**성화에 나오는 모습이 맞는지?**

Mun 용모에 대하여 문의합니다.

현재 성화 화가들이 그리고 있는 예수님상과 근접하신지요?

키와 체중, 체구는 어떠하셨으며 얼굴 모습은 어떠셨는지요?

목수 일을 하셨다면 근육이 발달하셨는지요?

Jesus 저의 용모는 성화에 나오는 그대로입니다.

마르고 키가 큰 모습이며, 키는 약 175~180㎝정도입니다.

얼굴 역시 그대로입니다.

사방을 돌아다니면서 행련[4]을 하였으므로 살이 찔 시간이 없었으며, 그러한 생활이 몸에 반영되어 언제까지나 그대로였습니다.

근육은 걷는 일을 많이 하였으므로 정상적인 근육이 발달하였으며, 특별히 어느 부위가 발달한 것은 아닙니다.

Mun 가족관계를 문의합니다.

아버지는 요셉이며 어머니는 마리아이시라는데 성품이나 외모, 직업은 무엇이었는지요?

요셉은 목수이며, 마리아는 평범한 주부이셨는지요?

이 두 분의 가정환경과 교육정도, 성격, 취미 등을 문의합니다.

형제[5]는 야곱, 시몬, 유다 등의 남자 형제와 누이들은 아래위로 몇 명이나 있었으며 무엇을 하던 어떤 분들이었는지요?

부모와 형제에게서는 어떤 영향을 어떻게 받으셨는지요?

이런 가정을 선택하여 나오신 뜻은 무엇인지요?

Jesus 당시의 직업은 대부분 목축을 기본으로 하고 있었습니다.

부의 원천도 그것에서 비롯되었고 이러한 종류의 직업을 갖는 것

---

3) 신의 본성, 즉 우주. 사람은 누구나 마음속에 신성을 가지고 있으며, 신성을 개발하기에 따라 신의 영역에 도달할 수 있다. 수련은 내재된 신성을 찾아내고 이에 동일화해 가는 과정이다.

4) 이곳저곳을 다니면서 수련하는 것을 말한다.

5) 마태복음 13장 55~56절과 마가복음 6장 3절에 예수의 형제, 누이에 대한 기록이 있다.

정신적 수준은 어느 날 갑자기 이루어지는 것이 아니라고 봅니다.
보통 3대에서 7대에 이르는 장기간의 정신적 물질적 교육이 바탕이 되어 나타나는 결과이며, 이러한 결과를 딛고 한 사람이 나타나는 것이지요.

이 가장 평범하고 생활을 보장해 주었지요.
아버지는 별로 말씀이 없으신 분이셨으며, 묵묵히 자신의 일을 하시는 편이었지요.
어머니는 아주 온유하시지만 내적으로는 강한 성품이셨고, 당시의 여성들에게는 가사와 교육이 대부분의 일이므로 가정의 일에 전념하시는 편이었습니다.
하지만 외부의 일에서도 필요하시면 하시는 편이었습니다.
평범한 분이셨으며, 그래서 제가 더욱 빛날 수 있었습니다.
형제들은 상당히 많이 있었으며 아마도 열 명은 넘지 않았나 싶습니다.
부모로부터는 광범위한 하늘 중 상하좌우로 중간대역[6]의 파장을 받았으며 형제들로부터는 그 이상과 그 이하로 확장되는 파장을 받았습니다.
형제들로부터 받은 기분에 영향을 미치는 일들은 부모님들로 인하여 진정이 되면서 다시 자신의 자리를 찾아갈 수 있었습니다.
하지만 형제들로 인해 감정의 기복이 있었다는 것이지 좋고 나쁘다고 단정 지어 말할 수 있는 부분은 아니었습니다.
파장을 볼 때 아주 원만하고 바람직한 가정이었습니다.

Mun 천주교에서는 예수님보다는 어머니이신 성모 마리아를 더욱 신앙하는 종교라고 봅니다.
이에 대해서 어떻게 생각하시는지요?
어머니는 존경받아 마땅할 정도로 훌륭한 분이신지요?
아버지는 그런 어머니를 어떻게 대하셨는지요?
아버지가 일찍 돌아가신 관계로 어머니 밑에서 자라게 된 이유와

배경은 무엇인지요?

Jesus 우리의 언어로 설명한다면 어머니는 중간대역의 파장을 지니신 분으로써 항상 주변의 사람들이 어머님을 보면 마음이 차분해 진다는 생각이 드는 분이었습니다.

그냥 걸어가시는 것만 보아도 마음이 차분해 지는 분이셨죠.

다른 행동에서 어떠한 특성은 없었으나 어느 한쪽으로 치우치지 않은 중간 대역의 파장을 지니신 것만으로도 하늘의 견지에서 존경받으실 조건을 갖추신 분입니다.

부모님 간에 특별한 갈등은 없었으며, 서로 사이가 좋지도 나쁘지도 않으신 아주 평범한 관계를 가지신 분들이셨습니다.

아버지는 당시 본인의 역할이 마무리 된 후 본인이 계셔야 할 자리로 가신 것이며 저에게 중간 대역의 파장을 전수해 주실 분은 어머님이므로 저와 함께 더 오랜 시간을 계신 것입니다.

Mun 예수님의 가문은 어떠했는지요?

마태복음에는 예수님이 다윗의 자손 즉 왕족[7)]이라는 말씀이 있습니다.

Jesus 정신적 수준은 어느 날 갑자기 이루어지는 것이 아니라고 봅니다.

보통 3대에서 7대에 이르는 장기간의 정신적 · 물질적 교육이 바탕이 되어 나타나는 결과이며, 이러한 결과를 딛고 한 사람이 나타나는 것이지요.

---

6) 상하로는 중천(中天)이고 좌우로는 동서남북의 중간을 말하는 것으로서, 하늘 단계에서도 너무 높지도 낮지도 않으며 좌우로도 치우치지 않은 중간 수준의 분들을 말한다.

7) 마태복음 1장 1~17절에 아브라함부터 예수까지의 42대가 기록되어 있다. 이에 따르면 다윗왕의 후손이므로 왕족이라고 할 수 있다.

인도와 불교가 없었더라면 저의 사상이라
고 할 수 있는 사랑도 없었을 것입니다.
인도에서의 공부는 저의 사랑에 대한 사
상을 완성시키는 역할을 하게 됩니다.

저의 경우에도 조상들의 노력이 기반이 되어 하늘을 읽고 하늘을 펴려는 의지를 가진 인간의 탄생이 가능하도록 된 것입니다.
저의 조상은 왕족은 아니었으나 정신적 수준으로 보면 왕족 이상의 기반을 가진 가문이었으며 귀족의 반열에서 나름대로 지도적 역할을 한 분들입니다.
허나 드러내놓고 자신들을 내세울 만큼 속되지 않은 분들이었지요.
친인척이 많지는 않았으나 물질적으로는 중간 이상의 생활수준을 영위하였으며, 정신적으로는 상당한 수준을 유지한 가문이었습니다.
저로 인하여 어떠한 영향을 받은 바는 없었으며 저의 사후 쇠락의 길을 가기는 하였으나 망하지 않고 수백 년간 가문을 유지하였습니다.
현재는 분파와 혼혈이 심하여 수많은 후손들이 있으나 직계혈통을 찾기는 쉽지 않은 형편이지요.

## 인도와 불교가 없었다면

Mun 예수님의 생애를 시기 별로 말씀해 주십시오.
탄생 이후 언제 어디서 무엇을 어떻게 하셨는지에 대하여 알고자 합니다.
티베트에는 언제 어떻게 가셨으며 얼마간 생활하셨는지요?
당시 그 같은 여행이 가능했었는지요?
이스라엘 이외의 외국은 어느 곳을 여행하셨는지요?
그 밖의 노정에 대해서도 궁금합니다.

Jesus 탄생 이후 제가 주로 자란 곳은 이스라엘입니다.

어렸을 때는 평범하게 생활하였으나 무엇인가 보이지 않는 세계에 대한 동경은 저를 다양한 경로를 거쳐 공부를 하게 만듭니다. 여러 사람들과의 토론, 다양한 여행을 통한 공부, 그리고 이 세상의 많은 사물과의 조우는 한 자리에서 얻을 수 있는 한계를 넘어 저의 폭을 넓혀 주었습니다.

10세 정도에 인근의 사람들과 대화를 통하여 많은 것을 알았으며 그 분들과의 대화를 통해서는 더 이상 얻을 것이 없자 밖의 세상이 궁금해졌습니다.

15세 이후부터 각지를 돌아다니면서 공부를 하였습니다.

당시에 제게 가장 큰 영향을 주신 분은 성경에서 동방박사[8]로 일컬어지는 세 분들로서 이분들에 의해 공부의 방향을 알게 됩니다.

그 후 동쪽으로 가면서 세상 공부를 하던 중 인도에까지 다다랐고 인도에서 많은 것을 얻게 됩니다.

당시에 인도는 많은 지혜의 발상지였고, 선배종교로서 불교가 이미 자리를 잡고 있던 곳이었습니다.

인도와 불교가 없었더라면 저의 사상이라고 할 수 있는 사랑도 없었을 것입니다.

인도에서의 공부는 저의 사랑에 대한 사상을 완성시키는 역할을 하게 됩니다.

당시에는 티베트란 개념이 없었으며, 인도에서 다양한 공부를 한

---

8) 아기 예수를 찾아온 현자들. 아기 예수에 경배하며 황금과 유향과 몰약을 예물로 바쳤다(마태복음 2장 1~11절).

후 어딘가를 계획 없이 여행하다 보니 고산지대에 도달하였으며 이곳이 바로 현재의 티베트였습니다.

아마 10대 후반이었던 것 같습니다.

티베트에서는 약 2년 정도 있었으며, 그 후에는 현재의 이라크 등 중동 지방을 다양하게 여행하였습니다.

여행수단 역시 걸어서 갈 형편이면 걸어서, 말을 탈 수 있으면 말을 타는 등 현지의 형편에 맞도록 하였습니다.

그 후 제가 깨달은 하늘의 진리를 이스라엘 지방에서 펴고자 하였으나 당시의 민중들이 받아들이기에는 무리인 부분이 많이 있었습니다.

폭넓은 여행과 공부를 한 저의 생각과 한 곳에서 살아가면서 목축에 길들여진 주민들과의 사고의 폭은 좁히기 어려운 부분들이 많이 있었으며, 이것이 지배계층의 인물들과 갈등요인이 되기도 하였습니다.

이스라엘과 인도의 중간지역은 전부 여행을 하였습니다.

### 동방박사와의 교류

Mun 동방박사는 어디에서 온 어떤 사람들인지요?

그들은 어떻게 예수님의 존재를 알고 있었는지요?

그들과 교류하신 내용을 알고자 합니다.

Jesus 동방박사는 몸은 지상에서 발원하였으나 영혼은 우주에서 온 사람들입니다.

제가 인간으로 와서 다른 인간들을 개화하려 하나 역량 부족으로 방법을 알지 못하므로 저를 보좌하여 저의 인간으로서의 등급을 높임으로써 지구의 진화에 일조하기 위해 온 사람들이지요.
하늘이 보낸 분들입니다.
이들은 제가 태어났을 때부터 주변에서 저의 성장과 고난을 지켜보면서 마음을 함께 하였던 사람들입니다.
많은 가르침과 함께 어린 시절 주변에서 일어날 수 있는 악성변수가 발생치 않도록 하는 일을 담당하였으며, 제가 성장하기까지 직간접적으로 가장 큰 영향을 미친 분들이지요.
이들이 보았던 별은 하늘의 기운이었으며 점성술은 별의 형태로 보여지는 하늘의 기운을 읽어내는 방법이었습니다.
이들은 하늘의 기운을 읽어 하늘이 원하는 방향을 지상에 펴고자 하는 일을 하였으며 그 일 중의 한 부분이 어린 저를 악(惡)의 기운으로부터 보호하는 것이었습니다.
이들은 주변국의 왕들은 아니었으나 선각자들로서 나름대로 그들의 나라에서 지식인의 반열에 들었던 사람들입니다.
당시에도 유력자들은 나름의 결혼 맥을 통하여 관계를 맺어왔으니만큼 귀족의 신분을 가지고 있는 선지자들이었지요.
동방박사에 관한 기존의 설들은 약간의 허구를 지닌 것들이며, 하늘의 뜻을 인간 세상에 펴기 위한 노력을 하였던 분들로서 저를 통한 하늘의 뜻의 전파에 노력하였던 분들입니다.
성경에 나와 있는 내용은 일부 강조된 부분이 있지요.

Mun 12살 어린 나이에 예루살렘 성전 본당에서 성직자들과 열띤 토

이들은 하늘의 기운을 읽어 하늘이 원하는 방향을 지상에 펴고자 하는 일을 하였으며 그 일 중의 한 부분이 어린 저를 악(惡)의 기운으로부터 보호하는 것이었습니다.

론[9]을 벌이셨다는 기록이 있는데 사실인지요?
어떤 대화를 나누셨는지요?

Jesus 당시의 대화란 인간의 일들이었습니다.
하지만 저는 하늘의 일에 관하여 대화를 많이 하였지요.
이러한 배경은 어머님으로부터 전해 받은 파장이 이미 어느 정도의 수준에 달하여 인간들이 헤매는 문제의 답이 보이곤 했지요.
논쟁이란 결론이 나오기까지 자신들의 의견을 가지고 토론을 하는 것인데 제가 가지고 있는 중간대역의 파장은 모든 문제의 해답을 정확히 알 수 있었으므로 열띤 토론이라기보다는 답을 내려주는 과정이라고 보아야겠지요.
사람이 살아가면서 조우하는 일반적인 부분에서 하늘에 관한 것까지 이야기하였지요.
중간대역의 이러한 기능 때문에 저의 행로가 그렇게 되었던 것이기도 합니다.

**외로움**

Mun 이스라엘에서 생활하실 때 친구가 있었는지요?

Jesus 그냥 만나는 사람들은 있었으나 마음을 나눌 수 있는 사람은 별로 없었습니다.
마음이 통할만 해도 잠시 일정 부분에서 그런 가능성이 있었을 뿐 장기적으로 그런 사람은 없었기 때문에 친구가 있었다고 하기 어렵습니다.

Mun 자라면서 가장 어려웠던 점과 하늘을 전하면서 가장 어려웠던 점은 무엇이었는지요?

Jesus 성장 시에 가장 어려웠던 점은 제가 가지고 있는 의문을 누구에게 말할 수 없다는 것입니다.

이러한 의문을 이야기하는 것이 긍정적인 면보다 부정적인 면이 더 많을 것으로 생각하였기 때문입니다.

하늘을 전하면서 어려웠던 점은 인간의 차이에 대한 문제입니다.

모든 사람이 자신의 생각을 가지고 있고 그 생각의 범주에서 벗어나지 못하므로 이러한 점을 어떻게 하나로 만들어 나갈 수 있을 것인가에 대한 문제가 가장 큰 부분이었습니다.

Mun 저의 경우는 외로움입니다.

과거에나 현재에나 친구가 없지요.

예수님께서는 외로움에 대해 어떠셨는지요?

Jesus 보통 말하는 친구는 없으실 것입니다.

그리고 친구가 없는 만큼 하늘이 들어오게 될 것입니다.

이것은 하늘을 전하는 모든 사람의 공통적인 면입니다.

자신의 격에 맞추어 친구도 생기게 되어 있기 때문입니다.

하늘과 격이 맞으면 하늘이 친구가 되는 것이지요.

사회생활에 대하여 그저 그런 대화를 할 사람은 있어도 하늘에 대해서 깊이 있게 대화를 할 사람은 없으실 것입니다.

9) 누가복음 2장 42~50절. 구체적으로 무슨 대화를 나누었다는 기록은 없으나 모든 이들이 그 지혜와 대답을 놀랍게 여겼다고 한다.

그러한 역할을 해 줄 사람이 있음이 하늘의 길을 가는 사람에게는 최대의 행복이지요.

저의 경우에는 제가 성인이 되어서는 그러한 역할을 해주신 분이 계시지 않아 많이 외로웠다고 볼 수 있습니다.

## 다빈치 코드와 막달라 마리아

Mun 결혼은 하지 않으셨다고 하나 아내의 역할을 하던 여자가 있었는지요?

Jesus 아내의 역할이 특별히 필요하지 않았습니다.

자녀가 필요했던 것도 아니고 나름대로 성적인 욕구는 풀 수 있는 여성들이 주변이 있었으므로 반드시 아내의 역할이 있어야 하는 것은 아니었습니다.

Mun 최근 유행하고 있는 "다빈치 코드"라는 책에는 "막달라 마리아[10]"와 부부 사이였으며 둘 사이에 딸이 있었다는 내용이 있습니다.

Jesus 막달라 마리아와는 그러한 관계가 아니었습니다.

다만 주변에 있는 여성 중 하늘의 의미에 대하여 가장 잘 알아듣는 여성이었으므로 가까이 한 것이 그렇게 보인 것 같습니다.

---

10) 막달라 마리아 : 일곱 귀신이 들렸다가 예수가 귀신을 쫓아주었다(누가복음 8장 2절). 예수가 십자가에 달릴 때(마태복음 27장 56절)와 무덤에 장사될 때(마태복음 27장 61절) 함께 있었으며, 제자들에게 예수의 부활 소식을 맨 처음 전한 사람 가운데 한 사람이다(요한복음 20장 18절).

친구가 없는 만큼 하늘이 들어오게 될 것입니다.
이것은 하늘을 전하는 모든 사람의 공통적인 면입니다.
자신의 격에 맞추어 친구도 생기게 되어 있기 때문입니다.
하늘과 격이 맞으면 하늘이 친구가 되는 것이지요.

부부관계도 아니었고, 성관계를 가지는 사이도 아니었으므로 딸이 있을 리 없지요.

Mun 레오나르도 다빈치가 그린 "최후의 만찬"이라는 그림에서 예수님 오른쪽에 그려진 제자가 막달라 마리아라고 합니다.
순전히 소설인지요?
막달라 마리아는 어떤 사람이었는지요?

Jesus 당시의 여성으로서는 보기 드물게 사회적 안목을 갖춘 여성이었습니다.
저와는 서로 존경하는 사이였지요.
당시에 그러한 여성을 만날 수 있었다는 것이 저의 역할을 수행함에 상당한 도움이 되었지요.
아마 하늘의 스케줄에 그러한 과정이 정해져 있던 것 같습니다.
나중에 보니까 맞았고요.
최후의 만찬에 나온 여성이 막달라 마리아가 맞습니다.
아주 기품 있고 정숙하면서도 신심이 돈독하고 자신의 중심이 확고하여 아무나 대하기 어려운 면이 있는 여성이었지요.
사회적인 역할을 하려면 충분히 할 수 있는 여성이었으나 오직 하늘을 폄에 충실하고자 하였지요.
당시에는 제자라고 할 수 있는 위치였으나 훌륭한 분이었습니다.

Mun 예수님께서 여자로서 가장 사랑했던 여인은 누구였는지요?

Jesus 여성으로서 사랑했던 사람은 별로 없는 것 같군요.
여성이지만 제자로서 함께 하늘의 길을 가는 사람으로서 인간적인 사랑을 주었던 여성은 막달라 마리아가 가장 우선이라고 할 수 있습니다.

Mun 다시 여쭙니다.

예수님의 후손이 있었는지요?

Jesus 없습니다.

Mun 막달라 마리아의 직업은 무엇이었는지요?

창녀라는 말이 있습니다.

한편으로는 베냐민 가문인 왕족의 후손이었다는 설도 있습니다.

당시 세리와 창녀 등 사회 밑바닥 층을 많이 상대하셨다는 기록이 있는데 특별한 이유가 있으셨는지요?

Jesus 귀족이었습니다.

당시의 귀족은 사회 지도층으로서 대개 자신들의 우월한 능력으로 서민들과 담을 쌓고 사는 경우가 대부분이었으나 막달라 마리아는 서민들의 애환을 자신의 것으로 생각하고 이들과 함께 생활을 공유하려 많은 노력을 한 분이지요.

이러한 노력이 기존의 귀족층에서 볼 때 이단자로 보이도록 하였으며 별의별 악성 루머가 나돌 원인을 제공한 것입니다.

허나 이러한 주변의 시선에도 아랑곳하지 않고 자신의 소신을 지켜나갈 수 있는 의지를 지닌 여성이었습니다.

천민과 함께 한다함은 그들과 아픔을 함께 한다는 뜻이지 그들과 생활을 함께 하면서 몸을 천하게 굴린다는 의미는 아닌 것이지요.

Mun 당시 천대받던[11] 사마리아 지방의 여인에게서 물 한 모금을 청해 받은 의미는 무엇이었는지요?

Jesus 특별한 의미는 없습니다.

저의 모든 행동이 전부 의미가 있는 것은 아니며 단지 목이 말랐을 뿐입니다.

그러한 작은 일까지도 의미를 부여하는 경우가 있으나 위인이라고 해서 작은 일까지 전부 일반인과 다른 것은 아니지요.

인간으로서 인간의 몸을 유지하기 위하여 한 일이었을 뿐입니다.

## 하늘나라, 마음, 우주

Mun 하늘나라가 도래한다고 하신 말씀은 무슨 뜻이었는지요?

성경 전반에 등장하는 하늘나라는 차별(남녀, 빈부, 지방, 종족, 종파)이 없는 나라라는 구체적인 설명이 있는 나라였으나 후반에 등장하는 나라는 마음속에 품어지는 나라라는 추상적인 의미의 나라로 여겨집니다.

또 등장하신 초반에는 하늘나라가 곧 도래한다고 하셨으나 나중에는 당신들 마음 한가운데에 있으니 눈으로는 볼 수 없다고도 하셨습니다.

하늘나라는 어떤 나라를 의미하신 것인지요?

Jesus 하늘나라는 수선재[12]에서 말하는 우주와 동등한 의미입니다.

당시의 사람들에게 우주를 설명하기 위하여 적절한 단어가 없었으므로 그렇게 설명할 수밖에 없었습니다.

그리고 제가 설명한 내용 중에 마음속에 있는 나라라는 의미로 받아들일 수 있는 부분은 바로 마음(心)= 우주임을 말하는 것입니다. 광대한 진리를 한마디로 설명할 수 없다보니 다양한 설명이 있었으나 그 모든 것이 다른 것이 아니라 하나를 설명한 것입니다.

하늘나라는 바로 인간의 마음이자 우주입니다.

Mun 율법사 니고데모[13]와 대화 시에 "사람이 거듭나지 않으면 하늘나라를 못 봅니다"는 말씀을 통하여 거듭남에 대하여 설명하셨는데 예수님께서 말씀하신 거듭남은 어떤 뜻인지요?

Jesus 몸의 태어남이 "하나"라면 마음의 태어남은 "둘"이라고 할 수 있습니다.

이것이 거듭남이지요.

몸의 태어남은 물질적인 것이지만 마음의 태어남은 정신적인 것이어서 이것을 말한 것입니다.

마음은 곧 우주이므로 정신적인 자각으로부터 우리는 하늘로 돌아갈 수 있는 기반을 마련하게 되는 것이지요.

마음은 곧 인간의 모두를 말하는 것이자 우주와 인간의 유일한 연결고리이기도 하지요.

인간이 위대한 것은 바로 마음을 어떻게 사용하는가에 따라 성인

---

11) 요한복음 4장 7~42절. 당시 유대인은 사마리아인을 천시하였으므로 예수처럼 물을 청하고 말씀을 전하는 것은 참으로 기이한 일이었다.

12) 저자가 지도하고 있는 명상학교

13) 야음을 틈타 예수를 찾아 왔던 바리새인이자 유대인들의 최고 의결기구인 산헤드린 공회원. 예수에게 거듭남에 대해 질문하고 감명 받아(요한복음 3장 1~3절) 이후 예수를 변호하는 데 앞장섰다(요한복음 7장 50~51절). 또한 예수의 시신을 장사 지낼 때 아리마대 요셉을 도와주었다(요한복음 19장 38~42절).

몸의 태어남이 "하나"라면 마음의 태어남은
"둘"이라고 할 수 있습니다.
이것이 거듭남이지요.

도 죄인도 될 수 있거니와 하늘과 우주에 일체가 될 수 있음에 기인하는 것이지요.

### 우주의 근본은 사랑

Mun 예수님께서 당시 바라시던 종교의 성격은 무엇인지요?
사랑과 실천의 종교인지요?
차별이 없는 평등한 종교인지요?
거듭남의 종교인지요?
예수님 사상의 근본은 무엇인지요?

Jesus 사랑이지요.
우주의 파장에서 가장 근본을 이루는 것은 사랑입니다.
사랑보다 값진 것이 없지요.
인간들은 사랑을 빙자하여 자신의 욕심을 채우려하나 그러한 사랑이 아니라 진정 상대방을 위하는 사랑이 하늘의 사랑이지요.
인간들이 스스로 진화하는 가장 쉬운 방법은 바로 사랑입니다.
인간은 사랑으로서만이 진정 진화의 파장을 받을 수 있다고 생각하였지요.
사랑으로 세상을 보면 "하늘의 파장" 달리 말하면 인간의 상태로는 "어머니의 마음"과 같은 우주의 마음을 알게 되지요.
부활이나 평등은 사랑을 펴는 방법이지요.

## 메시아는 누구인가?

Mun 당시 이스라엘의 인구는 얼마였는지요?

예수님 자신이 메시아[14)]임을 10번 정도 암시적으로 표현하셨다고 보며 그 중 3번은 세례요한의 입을 빌려 말씀하신 것으로 아는데 예수님께서는 언제 누구로부터 당신이 메시아임을 아셨는지요?

메시아가 구세주라면 이스라엘의 구세주를 말하신 것인 지요 아니면 지구 전체의 구세주를 말하신 것인지요?

예수님을 내보내신 하늘은 어떤 하늘인지요?

Jesus 당시 이스라엘의 인구는 수십만 정도였을 것입니다.

제가 메시아임을 스스로 말한 적은 없으며, 하늘이 메시아임을 이야기하였을 뿐입니다.

저이외의 다른 사람들, 특히 제자들이 제가 메시아임을 이야기하고 다녔으나 제가 직접 말한 적은 없습니다.

제자들이 자신들의 말의 신빙성을 주기 위해 제가 직접 이야기하였다고 한 것입니다.

허나 제가 이야기하는 내용이 바로 인간을 구원하는 의미였으므로 그것이 바로 메시아의 역할이기도 하였습니다.

메시아는 이스라엘의 구세주가 아니라 인류의 구세주였으나 당

14) 성서에서 구세주를 가리키는 말로 '그리스도'와 같은 의미이다. 본래는 '기름부음을 받은 자'라는 뜻으로 기름부음을 받는 의식을 통해 높은 직위에 임명된 사람을 말한다(고대사회에서는 제사장과 왕들이 기름부음을 받았다). 점차 '인류를 죄에서 구원해 줄 초인적인 능력을 지닌 구세주'라는 의미로 발전하였다.

시 전파할 수 있는 수단이 없었으므로 저의 뜻이 이스라엘에 국한되어 전파되었던 것입니다.

제가 말하는 하늘은 선생님께서 전하고 계시는 우주(선계[15])의 아래에 있는 하늘입니다.

즉 인간의 길흉화복에 직접적으로 관여하는 하늘이지요.

복을 주기도 하고 벌을 주기도 하는 하늘입니다.

Mun 구세주는 구체적으로 어떻게 세상을 구원해야 한다고 생각하셨는지요?

실제로 지상에 하느님의 나라를 샘플로라도 건설하는 것이 목표였는지, 아니면 하느님의 말씀을 전하여 세상 사람들의 마음이 변하면 후에 자연히 하느님의 나라가 만들어지는 것으로 생각하셨는지요?

아니면 사후에 천상 천국을 건설하는 것을 목표로 하셨는지요?

기독교인들이 말하는 죽어서 천당 가자는 목표에 대해서는 어떻게 생각하시는지요?

Jesus 구세주는 말씀을 통해서 세상을 구원해야 한다고 생각합니다.

행동으로 보여주는 것은 지역적으로 한계가 분명하나 말씀은 기록하여 전파하면 보여주지 않아도 되므로 범위가 상당히 넓어집니다.

샘플로 하늘나라를 건설하는 것은 생각해 보지 않았으며 제가 깨

15) 선계(仙界) : 깨달은 이, 즉 선인(仙人)들이 살고 있는 기(氣)적인 공간으로 우주의 정점에 있으며, 우주를 다스리는 곳이다.

달은 하늘의 뜻을 전파하다 보면 그 뜻이 여러 사람들에게 전달되어 언젠가 하느님의 나라, 즉 하늘의 뜻대로 운영되는 나라가 존재하게 될 것이라고 생각하였습니다.
저의 말로 인해 세상 사람들의 마음이 변하여 하느님의 나라가 되는 것은 아닐 것입니다.
이 세상에는 하느님의 뜻과 반대되는 뜻이 항상 존재하기 때문입니다.
천국은 아무리 위대하다고 해도 한 개인의 힘, 즉 일방적인 힘만으로는 어렵습니다.
우주는 항상 균형을 잡고자 하는 힘이 존재하므로 그 힘에 의해 반대의 힘이 발생됩니다.
따라서 극선이 존재하면 극악도 존재하게 되는 것이 이 세상의 법칙인 것입니다.
제가 많은 사람들을 하늘로 인도하려 하면 그렇지 않은 힘도 영향을 발휘하는 것입니다.
이것이 종교의 존재이유를 더욱 부각시키기도 하지만 그렇지 않은 기능을 하기도 합니다.
인간들은 지상에 있는 동안 천국에 들어가고 싶어도 몸을 가지고 있어서 실제로 어려운 경우가 많습니다.
육신이란 그것 자체로서 고난도의 공부를 시키는 면이 있으며, 갖은 유혹으로부터 자유롭지 않습니다.
따라서 사후에는 육신을 벗어나므로 생전에 비해 간단하게 천국, 즉 우주의 경지를 아주 쉽게 이해할 수도 있습니다.
인간의 마음이 변하면(비워지면) 하늘나라에 갈 수 있는 것은 맞으나 그것도 쉬운 일은 아니지요.

Mun “나는 길이요, 진리요, 생명이니 나를 따르는 자는...[16]”의 나는 예수님 자신을 말씀하신 것인지요, 아니면“나=본성”을 말씀하신 것인지요?

성서의 70여 곳에서 사용되고 있는“人子”라는 말과“나”라는 말은 어떤 관계인지요?

Jesus 여기에서 “나”는 우주의 본성입니다.

이 본성을 전달하는 제가 대표성을 지니는 것이지요.

우주란 그 실체를 쉽게 보여줄 수 없으므로 그 실체를 알고 느끼고 전달하는 제가 우주임을 표현한 것이지요.

인자라는 말도 역시 동일한 의미입니다.

성경에서 사용한 말 중에 나라는 표현은 문장 내에서 사용하기에 따라 인간 예수를 지칭하는 경우도 있고 하늘이나 우주를 말하는 경우도 있습니다.

## 여행, 진리를 구하고 펴는 방법

Mun 세례요한은 거처인 요단강가에 머물며 찾아오는 사람들만을 상대로 세례를 주었다고 했는데 예수님께서는 핍박받는 민중을 직

16) 요한복음 14장 6절. “예수께서 이르시되 내가 곧 길이요 진리요 생명이니 나로 말미암지 않고는 아버지께로 올 자가 없느니라.”

접 찾아 나선 이유는 무엇이었는지요?

또한 어느 한 곳에 머물면서 세속의 명예, 재물을 다 버리고 청빈한 생활을 권하는 품위 있는 종파의 교주로 계실 수도 있었으나 맨몸으로 직접 민중을 찾아 나선 실천의 모습을 보여주셨기 때문에 예수님 사후 2000여 년간 예수님께서는 가장 많은 제자를 두신 것이 아닌가 생각됩니다.

어떻게 생각하시는지요?

지도자의 길이 말씀만으로는 쉬우나 행동으로 직접 보여주기는 무척 어렵기 때문이지요.

저도 이 문제 때문에 많이 갈등하고 있습니다.

맨몸으로 실천하기에는 기운이 너무 많이 빠졌기 때문이지요.

예수님의 혁명가적인 기질은 당시의 그 같은 사명 때문 이었는지요 아니면 화끈한 예술가적인 성격 때문이었는지요?

Jesus 진리를 펴는 방법의 차이는 적성에 근거합니다.

앉아서 기다리는 사람이 있고 찾아나서는 사람이 있습니다.

저의 경우는 앉아서 기다리는 성격이 아니므로 찾아다닌 것입니다.

당시에도 부와 명예를 구해 안주할 수도 있었으나 저의 성격상 그러한 방식이 맞지 않으므로 저의 길을 갔던 것입니다.

부와 명예는 그것에 값어치를 부여하면 값이 나가는 것이지만 그렇지 않게 생각하면 별것 아닌 것입니다.

부와 명예보다 값어치 있는 것은 이 세상에 많이 존재합니다.

하지만 사람들을 가장 끌어당기는 것은 바로 부와 명예이지요.

이것과 동일한 정도의 마력이 있는 것이 권력이지요.

권력에는 두 가지가 있습니다.

세속의 권력과 하늘의 권력이지요.
권력은 세상을 살아가면서 무시할 수 없는 편리함이 있지요.
하지만 진정한 절대 권력과 절대 명예는 하늘을 바라보는 종교입니다.
하늘의 일을 하면 일을 할 만큼의 부도 따라오도록 되어 있지요.
종교는 그것이 추구하는 방향이 올바를 때 모든 것에 우선하는 절대적인 면이 있습니다.
인간들은 자신의 격이 낮을 때 세속의 가치를 추구하나 격이 높으면 하늘의 가치를 추구합니다.
격이 낮으면 보이는 것이 땅의 방향이므로 땅에 가까운 가치를 중히 여기나 격이 높으면 시야가 달라져서 세속의 가치로는 성에 차질 않지요.
따라서 하늘의 가치 즉 절대 진리인 우주의 진리를 구하게 되지요.
이러한 가치의 부여는 하늘이 기준을 정하는 바도 있으나 인간 스스로 자신의 눈높이에 맞는 기준을 가지게 되지요.
절대 진리는 변할 수 없는 것입니다.
세속의 가치는 절대가치 앞에서 항상 무릎을 꿇도록 되어 있습니다.
그러나 이러한 절대적인 진리를 펴는 것은 방법이지요.
많은 사람들이 공감할 수 있는 방법을 사용할 때 참으로 많은 사람들이 따르게 되지요.
저는 당시에 앉아서 펼 수도 있었으나 저의 적성에 맞는 방법으로 한 것입니다.
이러한 방법을 택한 이유 중 한 가지는 제가 가만히 앉아 있는 것을 싫어한다는 것이지요.

절대 진리는 변할 수 없는 것입니다.
세속의 가치는 절대가치 앞에서 항상
무릎을 꿇도록 되어 있습니다.

두 번째는 다니는 것만큼 공부가 되는 경우가 없다는 것이지요.
여행은 가장 많은 인생 공부를 하게 합니다.
저 역시 부족한 점이 많다보니 많은 것을 배워야 하는데 절대 진리는 한 곳에서 구할 수 있는 것이 아니라 천하의 여러 곳을 여행하면 저절로 발견할 수 있었습니다.
이러한 방법은 진리를 펴면서 또한 진리를 구하는 방법이기도 하였습니다.
선생님의 다양한 여행계획은 이러한 면에서 선생님의 하늘에 대한 정성의 길을 가심에 있어서나 수선재의 발전을 위해 상당히 좋은 방법이라고 생각됩니다.

Mun 기록에 의하면 지도층의 외동아들인 세례요한과는 동갑내기로서 먼 친척[17] 간이라고 합니다.
왜 세례요한의 세례[18]를 받으셨는지요?
Jesus 기독교에서 세례는 누구로부터 받았느냐가 중요합니다.
이것은 기운이 누구를 통하여 내려오는가를 결정하는 부분이므로 그러한 것입니다.
허나 저는 이미 가지고 있을 것은 다 가지고 있는 상태였으므로 누구로부터 세례를 받는다는 것이 별 의미가 없었습니다.
후세들을 위하여 형식을 알려야 했으므로 그러한 절차를 취한 것입니다.
친척이란 말은 당시에 가까워 보이면 그렇게 말하기도 한 것이며 촌수를 따진다면 별 의미를 둘 만한 사이는 아닙니다.

Mun 세례요한은 살로메[19]의 청에 의해 맥없이 살해를 당했는데 예정된 스케줄이었는지요?

아니면 실패한 사명 자였는지요?

혹자는 세례요한이 실패한 예언자라고도 합니다.

Jesus 살해된 것은 예정된 것은 아니었습니다.

조금 더 하여야 할 일이 남아 있음에도 인간세상의 스케줄에 의해 그렇게 된 것입니다.

그러나 공적으로 자신이 할 일은 거의 다 한 상태였으며, 개인적으로 할 일의 일부를 남겨둔 상태였으나 그 일들도 거의 남아있는 사람들이 할 수 있는 일들이었습니다.

예언은 아무나 할 수 있는 것이 아니며, 미래를 통찰할 수 있는 자만이 할 수 있는 것입니다.

인간세상의 일에 대해 예언을 한다 함은 선인(仙人)이라고 해도 인간의 몸으로 있는 한[20] 파장의 수신범위가 제한되어 지극히 어려운 일 중의 하나입니다.

인간세상은 워낙 다양한 파장이 존재하므로 이 많은 파장에 대해

---

17) 예수의 어머니 마리아와 세례요한의 어머니 엘리사벳이 친족 간이라고 기록되어 있다(누가복음 1장 36절).

18) 신자들의 공동체인 교회에 입문(入門)하는 의식. 예수는 공적 활동을 시작하면서 요단강에서 요한을 만나 그로부터 세례를 받았다(마태복음 3장 16절).

19) 헤로디아와 헤롯2세 사이에서 태어난 딸. 세례요한은 불륜의 결혼을 한 헤롯왕을 강직하게 비난하다 옥에 갇혔으며, 이후 헤롯왕의 아내인 헤로디아의 조종을 받은 살로메의 요청에 의해 처형되었다(마태복음 14장 3~11절). 세례요한이 사명을 완수하였는지에 대해서는 신학적으로 논란이 많다.

20) 파장이란 기운의 움직임을 말한다. 예를 들어 전기를 에너지, 즉 기운 그 자체라고 한다면, 기운의 움직임인 전파를 파장이라고 할 수 있다. 그래서 우주에 있는 모든 물체는 파장을 통해 서로 의사를 소통한다.

파장은 우주의 근본이자 언어이고 존재 방식이며 우주의 모든 것과 통할 수 있는 방법이다. 우주에 있는 인간의 근본적인 진화는 파장으로 이루어지며, 이를 통해 인간은 선인이 될 수 있는 것이다.

믿음입니다.
믿음은 인간의 모든 것을 버리게도
얻게도 할 수 있습니다.
또한 이러한 믿음만이 불가능을 가
능케 하는 것이지요.

정확한 예측이 가능한 사람은 어디에도 없기 때문입니다.
그래서 모든 예언들이 두루 뭉실하게 되어 있는 것이며, 이것을 해석하기에 따라 이렇게도, 저렇게도 될 수 있는 것입니다.
예언에 관하여는 따로 논할 기회가 있을 것이므로 여기에서는 이만 줄이도록 하겠습니다.

### 절대 믿음은 우주의 본질

Mun 열두 제자가 "나를 따르라" 는 말씀 한마디로 모두 하던 일을 멈추고 그 자리에서 즉시 예수님을 따라 제자가 되었습니다.
이렇게 절대 복종을 이루게 된 이유는 무엇이었는지요?

Jesus 믿음입니다.
믿음은 인간의 모든 것을 버리게도 얻게도 할 수 있습니다.
또한 이러한 믿음만이 불가능을 가능케 하는 것이지요.
절대적인 믿음, 즉 100%의 믿음은 그것이 바로 우주의 본질입니다.
전혀 흔들림이 없는 상태로서 0(zero)의 파장을 발산하지요.
누가 무슨 말을 해도 동요가 없는 것입니다.
무 파장이라고 할 수 있지요.
절대적인 파워가 가능한 상태입니다.
아무런 판단의 필요가 없는 경지, 그래서 무 파장 = 절대 신뢰이므로 어떠한 결과도 가능한 것입니다.
무도를 익히는 사람이 공중에 떠서 발로 차는 것은 약할 수밖에 없지요.

양발을 땅에 디딘 상태에서 가장 큰 힘을 발휘합니다.

그런데 무 파장은 온 몸이 땅에 붙어 있다 못해 땅과 일체가 되어 있는 것과 같은 상태이니 얼마나 큰 힘을 발휘하겠습니까.

이 상태에서 절대복종은 너무도 당연한 것입니다.

무 파장은 어머님을 통하여 배운 것으로서 이미 저의 내부에 가지고 있던 것이어서 발휘하기가 쉬웠던 것이지요.

**특별히 사랑한 제자는?**

Mun 열두 제자 중 가장 사랑하신 제자는 누구였으며 그 이유는 무엇인지요?

Jesus 특별히 사랑한 제자가 있다기보다는 모두를 아꼈습니다.

아꼈던 이유는 그래도 이들이 인간의 몸을 가지고 있으면서 하늘의 뜻을 가장 잘 알고 있었던 사람들이기 때문이지요.

그리고 이들의 재주가 각기 달라서 때에 따라 제가 일을 시켰던 제자가 다르므로 다른 사람이 보기에 그때 아꼈던 제자를 가장 아낀 것처럼 생각할 수도 있을 것입니다.

그러나 골라보라고 해도 그 중의 누구를 고를 수 없을 만큼 모두가 나름대로 출중하였고 그래서 이들 모두를 사랑한 것이지요.

하지만 이 외에도 하늘의 뜻을 알고 따르려 노력하는 모든 사람들을 사랑하였습니다.

12제자라 함은 가까이 있었던 12명의 의미로 보시면 됩니다.

이 세상의 모든 사람들이 제자라면 제자이기도 하고 스승이라면 스승이기도 하였지요.
하늘이란 그리 좁은 것이 아니며 세상은 넓기만 한 것이 아니므로 하늘의 뜻을 아는 사람은 아무리 멀리 있다고 해도 금방 서로 알 수 있는 것이지요.
이유는 하늘을 알고 따르려 노력하였다는 것이며 동일한 파장을 공유하고 있다는 것입니다.

## 독신과 성(性)에 대하여

Mun 열두 여제자가 있었다는 설도 있는데 사실인지요?
여제자들은 누구였으며 예수님 생애에 가장 사랑하신 여인은 누구였는지요?
성서에는 유독 많은 마리아가 등장합니다.
왜 독신을 고집하셨으며 성(性)에 대해서는 어떤 생각을 지니고 계신지요?
수선재에서는 일정 기간 금촉을 강조하고 있습니다.
자신이 부여받은 선악과 중에 성이 해당된다면 당연히 금해야 하는 것이라고 생각하시는지요?

Jesus 공식적으로 여제자를 두었다고 할 수도 없지만 제자가 아니라고 할 수도 없습니다.
여성이라고 해서 제자가 되어서는 안 된다는 것도 아니었습니다.
12제자라고 하나 어쩌다 보니 12명이 되기도 하고 13명이 되기도 하였던 것이지 12명으로 제한하였던 것도 아니며 그 이상이 되어도 가능한 문제입니다.

다만 제 능력으로 12명까지 밖에 개화를 시키지 못한 것이지요.

저의 뜻을 따르는 사람들 중에는 여성도 많이 있었습니다.

숫자로 본다면 어찌 12명에 국한되겠는지요?

마리아는 제가 가장 존경하는 여성이자 모친으로써 가장 이상적인 분이기도 하였습니다.

그리고 마리아의 의미에서 나오는 파장은 사랑입니다.

그래서 그 발음을 많이 하였던 것이지요.

독신을 고집한 것이 아니라 저와 마음을 함께 할 여성이 없었으므로 그렇게 된 것일 뿐입니다.

항상 유랑의 생활을 하였고, 거처를 정하고 났을 때는 이미 저의 생각의 수준이 주변의 여성들과 다르다 보니 그리 된 것이지요.

후세에 이러한 것까지 말을 좋아하는 사람들이 만들어서 의미를 부여한 것이지요.

저도 반드시 홀로 생활하는 것이 바람직스런 것이라고 생각지 않았고 독신을 권장한 것도 아닙니다.

가능하면 인간으로서 완성된 모습을 갖추는 것이 좋지요.

숫자가 많으면 서로 도움을 줄 수 있는 부분도 많아서 좋은 면도 많지요.

하지만 바람직스럽게 완성된 모습을 갖추지 못할 바에는 독신이 자신의 완성을 위해 훨씬 쉬운 방법이지요.

종교에서 독신으로 수행을 하는 것은 부부가 자녀들까지 두고 수행하는 것에 비해서 서너 배는 쉽게 자신의 길을 갈 수 있는 방법입니다.
그래서 성직자들이 독신의 길을 가려하는 것이고 후세에 여러 사람들이 규칙을 만들 때 이러한 것을 담아놓은 것이지요.
번뇌가 상당부분 발생되지 않음은 수행자의 입장에서는 너무도 바람직스런 환경이므로 그러한 부분이 권장되었던 것입니다.
저도 성을 아주 중요하게 생각하였으며, 소홀히 생각한 적이 없습니다.
저와 성을 나누었던 여성들이 하나 둘이 아니나 아주 많은 것도 아니었습니다.
마음이 통하지 않으면 절대로 관계를 갖지 않음을 원칙으로 하였습니다.
인간이 신의 경지에서 할 수 있는 일은 오직 성 한가지입니다.
신의 영역인 생명창조 기능을 들 수 있지요.
이 부분에 대하여는 결과에 대하여 겸허히 책임을 져야 하는 것이고요.
하지만 성이란 번식기능 이외에 상호간에 기적인 교류 기능도 가지고 있지요.
이것은 단순한 쾌락으로서가 아니라 기적인 교류를 통하여 상대의 기운과 나의 기운을 합하고 분배함으로써 서로 간에 가치를 높여갈 수 있는 방법이기도 하였지요.
하지만 이것을 잘못하면 기력이 Down될 수도 있지요.
수행하는 동안 참으로 조심하여야 할 일 중의 하나라고 생각합니다.
반드시 Sex가 아니어도 손을 잡는 것만으로도 이성 간에 기적인 교류를 통하여 발생하는 에너지의 량은 엄청납니다.

성이란 번식기능 이외에 상호간에 기적인
교류 기능도 가지고 있지요.

따라서 미혼자들은 물론이고 기혼자들도 수행을 함에 있어 일정 기간 성에서 벗어나려 시도해 보는 것은 아주 바람직스런 일입니다.
따라서 100일 금촉 등은 아주 좋은 방법이자 권장할만한 방법이기도 하지요.
인생은 길고 그 중에서 수년 정도는 어렵다고 해도 100일 정도는 가장 기본적인 기간이지요.
아주 기초적인 부분이자 바람직한 방법입니다.
반드시 필요하지요.
일정 기간 이외에는 적절한 관계라면 굳이 부정할 필요는 없다고 봅니다.
이 부분은 참으로 많은 이해가 필요하지요.
선악과는 사람에 따라 다른 것일 수 있습니다.
자신에게 필요한 선악과가 바로 공부를 시키는 선악과이지요.
경우에 따라서는 돈이 될 수도 있고, 권력이 될 수도 있으며, 성이 되기도 하고, 명예가 되기도 하는 것이지요.
단정지어 말할 수 없는 것입니다.
만약 성이 주어졌다면 그것을 받아들어야 하는 것이지요.

## 유다의 배신과 인간의 허점

Mun 예수님의 가까운 제자들은 당시 무엇인가 현실적인 이익을 찾아 모였을 것이라고 말하는 사람들도 있습니다.

즉 예수님께서 말씀하시는 좋은 세상이 오면 무엇인가 한자리 하려는 사람들이라는 것이지요.

헌데 아무리 기다려도 그런 기미가 보이지 않자 실망하여 예수님을 떠나고 배신하였을 것이라고도 합니다.

당시 예수님의 제자들은 왜 모여들었는지요?

진리를 찾아서?

아니면 무엇인가 현실에서는 부응되지 못하는 것을 보상하려는 보상심리에서 그랬는지요?

지금 수선재에 모여드는 사람들은 자신들도 확실히 알지 못하는 무엇인가 기운에 끌려오는 사람들이 많이 있습니다.

Jesus 인간의 상태로 있는 이상 현실이란 가장 벗어나기 어려운 굴레 중의 하나입니다.

벗어나기 어려운 것이 두 가지 있는데 하나는 정신적인 영역이고, 하나는 물질적인 영역입니다.

현실이란 이 두 가지를 종합적으로 일컫는 것인데 여기에서 벗어난다는 것은 바로 해탈을 의미하는 것이지요.

공부에 들어 현실에서 벗어나는 것은 그 사람의 조건이 현실에서 벗어날 수 있음을 기반으로 한 것입니다.

그렇지 않으면 현실에서 벗어난다는 것이 어렵지요.

저의 제자들도 모두 현실에서 벗어남을 원하였으나 이러한 사고의 근저에는 현실이 힘들고 고달프다는 것이 깔려 있지요.

이것으로부터 완전히 벗어난다는 것은 바로 이승을 떠나는 것입니다.

그렇지 않고는 안 되지요.

현실이란 누구를 막론하고 고달픈 것이 원칙입니다.
우선 이것을 알고 들어가야 하지요.
저의 제자들이 기대하였던 좋은 세상이란 바로 마음의 평화이며, 이 마음의 평화를 이루기 위해 하느님의 뜻을 기다려야 했던 것이지요.
인간은·항상 기대하는 바가 있게 마련이며, 이 기대하는 바 중에 가장 큰 것이 바로 마음의 평화입니다.
이 마음의 평화는 진리를 아는 순간 일단 찾아오게 되며 그 진리를 나의 것으로 하고자 노력하는 순간 다시 떠나게 되지요.
하지만 그것이 다시 찾아오기 위해서는 엄청난 노력이 있어야 하지요.
진리공부란 그렇게 쉬운 것이 아닙니다.
이유는 그것으로 얻으려는 것이 워낙 값어치가 있는 것이기 때문입니다.
대학입시생이 하버드에 입학하는 것이 어찌 쉬울 수 있는지요?
인간에게 마지막으로 남은 숙제가 바로 이 공부입니다.
따라서 이 공부를 하는 과정에서 많은 과제가 내려오는 것입니다.
저에게 찾아오는 이유는 진리를 보고 오는 것이었으나 그 진리를 자신의 것으로 하기 위한 노력의 힘겨움이 다시 떠나게 만드는 것이지요.
진리란 절대로 그렇게 쉽게 다가오지 않습니다.
진리가 어찌 그리 쉽게 다가올 수 있다고 생각하는 것인지요?
수천 조의 돈도 1원부터 모여서 이루어지는 것이듯 그러한 비유의 대상조차 없을 만큼 큰 진리의 값어치는 아주 크지만 또한 아주 작은 것에서 비롯되는 것입니다.
자신의 모든 것을 열고 구석구석을 찾아보고 그 안에서 진정 값어치 있는 것과 없는 것을 가려내며 이 중에서 버려야 할 것과 그대로 놓아두어야 할 것을 가리며, 놓아두어야 할 것을 더욱 값지게 닦고 가꾸는 것은 수행에 들은 사람들이 평생을 해 나가야 할 일인 것입니다.
처음으로 수행에 든 모든 사람들은 대개 성급하게 이 길을 가려하는 사람들이 많으며 그러한 사람들은 자신이 노력한 만큼의 성과조차도 얻지 못하고 떠나는 사람들이 많습니다.
1원을, 10원을, 100원을 1,000원을 모르고 1억을 벌려고 하는 것과 같지요.
하늘은 절대로 도약이 불가능하지요.
한 발, 한 발 차근차근 가야 하는 것이지요.
진리를 아는 것도 쉽지 않거니와 진리를 내 것으로 한다는 것은 더욱 힘든 것이지요.
진리를 구하는 것은 본인이 스스로 하는 것이지 남이 해줄 수 있는 것이 아닙니다.
다만 방법을 알려줄 뿐이지요.
그것을 남이 구해준다고 생각하는 사람은 절대로 진리를 구할 수 없지요.
보상을 바란다는 것은 노력 없이 보다 큰 대가를 바라는 것으로서 이러한 사람은 무엇을 줘도 그 값어치를 알 수 없는 사람이므로 절대로 하늘이 주지 않는 법입니다.
저의 제자들도 이렇게 우둔한 사람들이 있었으며 열두 제자 중에도 있었지요.

열두 제자는 숫자에 불과한 것이지 엄선된 12명이 아니었습니다.

그 안에 인간세상의 모든 것이 다 들어 있었지요.

그러나 외부에서 보면 항상 좋아 보일 수 있는 것이고 과대 포장될 수 있는 것이지요.

깨달음은 항상 현실에 기반을 두어야 하는 것이고, 그렇지 않으면 공허하게 되기 쉽지요. 저의 제자들도 무엇인가 바라는 사람들이었으나 진리를 구하는 마음과 보상을 바라는 마음의 비율이 문제이지요.

참 세상은 자신의 마음속에 있는 것이지만 이 자신의 마음속에 들어있는 참 세상 즉 우주를 자신의 것으로 하는 것은 현실적인 자신이지요.

간단한 말을 알아듣기 위해서는 좀 공부를 해야 하지요.

이 간단한 진리를 모르면 공부가 도로아미타불이 되고 허송세월만 하게 되지요.

업보이기도 합니다.

그래도 무엇인지 모르고 끌려오는 사람들은 영혼이 순수한 사람들입니다.

일단 진리의 향기를 맡은 사람들이지요.

진리의 값어치를 알 가능성이 많은 사람들로서 이들은 보통 사람들보다 많은 가능성을 가진 사람들이기도 하지요.

떠나는 이유는 근기 부족에 기인하는 경우가 많을 것입니다.

Mun 가룻 유다[21]는 왜 예수님을 은전 30냥에 팔아 넘겼는지요?

재정을 담당했었다면 똑똑하고 신임이 두터운 제자였을 것으로 생각됩니다.

혹자는 예수님에게 실망해서 그랬을 것이라고도 하며 또 자신이 사랑하던 여인이 예수님을 사랑하는 것을 질투하여 그랬을 것이라고도 합니다.

왜 그의 마음을 얻지 못하였는지요?

Jesus 이것이 바로 인간의 본성 중에 내재된 허점입니다.

이 허점이 신과 인간을 구분하는 기준이 되기도 하거니와 이 허점이 채워지면서 인간이 바로 신의 영역으로 넘어가는 것이기도 하지요.

가롯 유다만이 아니라 수많은 인간들이 이러한 허점 때문에 전혀 생각지도 못했던 잘못을 범하기도 하는데 이 잘못을 채울 수 있는가 아닌가 여부가 인간의 모든 문제에 답을 주기도 하고 나락으로 떨어지게 하기도 하지요.

이 비율은 0.00001%일 수도 있고, 수십 % 가되기도 하는데 이 비율이 바로 인간의 완성도를 결정하는 것이지요.

대개의 경우 괜찮은 사람들은 이 허점의 비율이 낮습니다.

유다도 인간이었지요.

자신의 일생에 있어 가장 큰 실수를 한 것이지만 유다가 아니었다면 다른 제자가 그러한 일을 하였겠지요.

하늘의 입장에서 보면 일종의 역할연기일 수도 있습니다.

---

21) 열두 제자 가운데 하나로서 예수를 배반하였다(마태복음 26장 47~50절). 후에 양심의 가책을 받아 대제사장과 장로들에게로 가서 그들에게 받은 은 삼십을 성소에 던져놓고 나와 목매어 자살하였다(마태복음 27장 3~5절).

유다도 인간이었지요.
자신의 일생에 있어 가장 큰 실수를 한 것
이지만 유다가 아니었다면 다른 제자가
그러한 일을 하였겠지요.

유다는 이 일로 인하여 아직도 스스로를 용서하지 못하고 있지요.
인간으로 태어나 왜 자신이 그 역할을 담당할 수밖에 없었던가에 대한 답을 아직 구하지 못하고 있는 상태입니다.
바로 그 멍청함을 채울 수 있느냐 아니냐가 인간이 우주의 본성에 다가가서 일체를 이룰 수 있는가 아닌가를 결정하는 비율이지요.
이것은 자신이 어떻게 살아가는가에 달려 있기도 합니다.
결국 열쇠는 자신이 가지고 있는 것이지요.
가능한 범위 내에서 말입니다.
똑똑한 것처럼 보이는 인간들은 반드시 그만큼의 허점을 어딘가에 가지고 있는 경우가 많지요.
이것이 바로 우주의 원리이기도 하니까요.
우주는 절대로 모든 것을 주는 법이 없지요.
그래서 자신이 가진 것들을 그것이 없는 타인들에게 나누어주고 스스로 부족한 것을 남들로부터 구하는 것이 인간으로써 가장 현명하고 보람 있는 삶의 길을 가는 방법이자 하늘에 다가서는 방법이지요.
이것이 사랑으로 표현될 때 하늘에 가장 가까이 다가서는 방법입니다.
이 과정에서 기운이 하늘에 통하면 기적이라고 부르는 현상이 나타나기도 하지요.
사랑입니다.

Mun 예수님 사후의 후계자는 누가 되었으면 좋겠다고 생각하셨으며 그 이유는 무엇이었는지요?

Jesus 후계자는 많을수록 좋다고 생각하였습니다.

저와 동등한 생각을 지닌 사람은 많을수록 좋다고 생각하였습니다.

하지만 그렇게 될 수 있는 가능성은 없으므로 가급적 많은 수의 사람들이 저와 생각을 함께 하였으면 하였지요.

딱히 누가 되었으면 좋겠다고 지정하여 생각한 적은 없습니다.

### 유대인은 선민(選民)인가?

Mun 현재 전 세계인들로부터 유대인들이 결코 좋은 대접을 받지는 못합니다.

허나 "유대인을 알면 세계가 보인다"고 할 정도로 세계를 움직이는 분들은 거의 유대인들입니다.

유대인들은 하느님으로부터 선택받은 선민(選民)인지요?

유대인의 우수성은 어디로부터 오는 것인지요?

유대인의 선민사상을 어떻게 생각하시는지요?

유대인들이 생각하는 하늘은 어떤 하늘인지요?

Jesus 어느 민족을 막론하고 그들이 숭배하는 하늘이 다른 것은 아닙니다.

모두 동일한 하늘이지만 서로 해석이 다른 것입니다.

그 하늘의 모습을 읽어가는 방법도 다릅니다.

어떤 민족은 가까운 것에서 하늘을 읽지요.

토템이나 샤머니즘의 형태로 하늘의 뜻을 읽으려 합니다.
어떤 민족은 그 보다 차원 높은 방법으로 하늘을 읽으려 하지요.
그래서 하늘 단계의 방법으로 하늘을 읽기도 하고 경우에 따라 아주 수준이 높은 경우에는 우주를 바로 읽으려 하기도 하지요.
다양한 방법이 있으나 이 세상을 우주(하늘1) – 하늘(하늘2) – 인간 – 미물의 단계로 본다면 미물은 인간으로, 인간은 하늘로, 하늘은 우주가 되고 싶어 하는 것이지요.
우주란 그 자체가 완성체로서 어느 것이든 받아들이지만 그것이 우주의 뜻을 읽을 수 있어야 그 안에서 존재할 수 있지요.
우주란 바로 격(格)입니다.
이 격이란 보이지 않는 벽이어서 무엇으로 막아놓은 것도 아니면서 넘어갈 수 있는 자격을 갖추지 않으면 넘어갈 수 없지요.
그 자격을 갖추기 위한 노력은 이루 상상할 수 없을 만큼 많은 정신적, 육체적 고통을 감내하도록 하기도 하지요.
그래서 미완의 상태인 인간의 비교적 쉬운 목표는 하늘2가 되는 것이고 그보다 더 높은 경지에서는 하늘1이 되려하지요.
당연히 저는 비교적 쉬운 하늘2를 목표로 설정하였고요.
선생님께서는 저절로 하늘1을 목표로 설정하셨지요.
하늘1은 누구나 갈 수 있는 곳은 아닙니다.
일정한 자격이 주어져야 가능한 곳이지요.
하지만 한번 가기만 하면 다른 어떠한 것도 필요 없기도 하지요.
하늘2는 다시 피나는 노력을 해서 하늘1로 가려는 노력을 해야 하는 것이고요.
미물과 인간의 거리가 1마일이라면 하늘2와 인간의 거리는 3~5

마일 정도 되고 하늘1과 하늘2간의 거리는 13마일 이상입니다.
이 중에서 미물도 하늘의 파장을 발산하므로 이것을 잘 읽어서 하늘의 뜻을 아는 방법도 있습니다.
미물은 그 자체가 해석할 능력을 갖지 못하므로 우주와 하늘의 파장을 받으면 그대로 전하기 때문입니다.
인간은 그 자체가 너무도 복잡하므로 일부는 자체에서 하늘1(우주)의 파장을 발산하기도 하나 거리감으로 인하여 대부분 이 파장의 이해가 힘겨운 부분이 있으며, 하늘2(하늘)의 파장을 받았을 때 비교적 받아들이기 쉬운 것입니다.
그래서 제가 펴고자 했던 하늘과 유대인이 생각하는 하늘은 하늘2(하늘)입니다.
그래서 비교적 인간의 속성을 잘 이용하는 편이지요.
속세에서는 인간의 속성을 잘 이용하는 편이 성공률이 높지요.
이 부분은 인간의 진화정도에 따라 달라질 것이므로 앞으로는 하늘1에 대한 이해가 가능한 인간들이 많아질 것입니다.
지금까지 하늘2에 의해 진화된 인간들의 앞으로의 목표는 바로 하늘1이기 때문이지요.
유대인은 선민은 아닙니다.
제가 가르친 것이 바로 하늘2에 대한 것이며 이것이 적중한 것이지요.
말하자면 대상에 대한 분석과 마케팅이 잘 된 것이지요.
그러나 앞으로는 많이 바뀔 것입니다.
하늘2에 근접한 인간들이 증가하면서 하늘1에 대한 관심이 날로 높아져 가고 있습니다.

우주란 바로 격(格)입니다.
이 격이란 보이지 않는 벽이어서 무엇으로
막아놓은 것도 아니면서 넘어갈 수 있는
자격을 갖추지 않으면 넘어갈 수 없지요.

과연 하늘2보다 높은 곳에는 무엇이 있을까 하는 궁금증을 가진 많은 사람들이 하늘2의 다른 면을 읽어보고는 하늘1로 착각하는 경우도 있고, 정말로 하늘1의 변두리를 읽은 경우도 있지요.

이러한 사람들이 자신이 읽은 것을 주변의 다수의 사람들에게 자신이 하늘1을 읽었다고 이야기하곤 하지요.

그러나 이것을 듣는 보통사람의 입장에서는 "자신이 하늘을 읽었다"고 자신 있게 말하는 사람이 지칭하는 하늘이 하늘1인가 하늘2인가에 대한 판단이 불가능합니다.

그래서 많은 사람들이 판단을 잘못하는 경우가 생기는 것이지요.

유대인의 하늘은 하늘2입니다.

그것이 우수한 것처럼 보이도록 하는 것이기도 하지요.

### 히틀러 대학살의 이유

Mun 히틀러가 600만 유대인을 학살한 대사건을 아시지요?

그 이유가 어디에 있었는지요?

예수님을 죽인 업보라고도 하며 유대인의 선민사상을 미워한데 원인이 있다고도 합니다.

그 이유에 대해서 문의합니다.

하늘이 유대 민족을 공부시키기 위한 스케줄이었는지요?

돌발적인 사고였는지요?

Jesus 수백만 명의 생명이 달린 일을 하늘에서 알지 못하는 경우는 없습니다.

사전에 사건의 구체적 유형이 지정된 일은 아니었으며, 양 측의 긴장이 다양한 형태로 마무리 될 수 있는 것이 그러한 형태로 마무리된 것입니다.

이러한 일은 인간세상의 재해로 보아야 합니다.

지각에서 갈등 요인이 발생하면 지진과 해일이 나며, 용암이 압력을 받아 분출하면 화산폭발이 있는 것과 마찬가지로 인간끼리의 갈등 역시 그 나름의 해법이 있는 것이지요.

이 해법중의 한 가지가 경우에 따라서는 전쟁이란 형태로 나타나기도 하고, 어떤 때는 무역전쟁의 형태로 나타나기도 하며 아주 작은 것은 싸움의 형태로 나타나기도 합니다.

인간끼리의 갈등에서 일어나는 일에는 반드시 어떠한 신이든 기운을 조정하는 신이 개입되어 있지요.

신은 인간간의 관계를 나름의 기준을 가지고 조정하면서 그 기운을 조절하고 있는 바 이 중에서 유대인 학살기에는 히틀러가 포함된 게르만의 세가 유대인의 세를 압도하여 그러한 일이 발생한 것입니다.

히틀러의 강세를 받아줄 다른 부분이 필요하였으나 히틀러의 부족한 부분을 너무도 강력히 자극한 것이 바로 유대인이었으므로 그리 된 것입니다.

유대인은 나름대로 하늘의 규율을 가지고 있었으며, 이 부분이 인간의 역사로 우월감을 가지고 존재해 온 히틀러의 비위에 거슬렸던 것입니다.

유대인을 제거하면 자신이 하늘과 직접 교류함이 가능할 것으로 생각한 히틀러는 이러한 부분을 다른 이유로 포장한 채 유대인을

어디론가 출구를 여는 기운이 발생되는 디자인이 필요하였는데 이것이 바로 현재 다윗의 별로 불리는 이스라엘의 국기 문양입니다.

학대한 것입니다.

하늘의 뜻은 유대인이 아니라고 해서 전파되지 못하는 것은 아니며, 유대인이 아닌 다른 민족을 통해서도 전파가 가능한 것입니다.

허나 당시 많은 수의 생명들이 자신의 길을 가지 못하고 중도에 포기한 것을 아쉬워한 나머지 대학살 이후 유대인들이 하늘의 귀여움을 좀 더 받게 된 것이라고 보아야 합니다.

원래 예정되어 있던 부분에다가 사고적인 성격이 가미된 것입니다.

Mun 이스라엘은 어떤 섭리에 의하여 2천 년간이나 나라가 없었는지요?

역사상 한 번 나라를 잃은 나라가 재건된 경우는 이스라엘 이외에는 없었습니다.

이스라엘의 재건은 하늘의 입장에서 보아 어떤 의미가 있는지요?

Jesus 부활과 재건은 동일한 의미입니다.

부활로 인하여 구해진 이미지와 재건으로 인하여 구해진 이미지는 동일한 것이며 이것은 바로 희망을 나타내 주는 것이지요.

최악의 상황에서도 다시 일어설 수 있음을 의미하는 것이며, 하늘의 의미를 되새기기 위한 것으로서 이것보다 더 좋은 것이 없습니다.

인간을 교화시키려는 목적으로서의 종교라면 반드시 갖추어야 할 덕목이 있으니 바로 희망에 대한 기대이지요.

Mun 유대인의 국기에 나오는 다윗의 별[22]은 어떤 의미가 있는지요?

---

22) 이스라엘 국기에 그려진 육각형 모양의 별 형상

Jesus 어떠한 집단이든 상징이 필요합니다.

상징이란 그 집단이 나가고자 하는 목표와 방향을 말하는 것이지요.

그러한 상징으로서 당시까지는 우주를 표현하는 문양을 사용하는 경우가 없었습니다.

제가 처음으로 우주를 표현해 보고자 하였으나 능력 부족으로 그 정도에 미치고 말았습니다.

기운이 팔방으로 조화를 이루기 위해서는 원이 바람직하나 그래 가지고서는 이스라엘이란 국가의 존재가 어렵습니다.

따라서 어디론가 출구를 여는 기운이 발생되는 디자인이 필요하였는데 이것이 바로 현재 다윗의 별로 불리는 이스라엘의 국기 문양입니다.

기운을 모아서 사방으로 분출하는 모양이지요.

이스라엘은 이 문양을 가지고 있는 한 크게 성공하지는 못해도 현재의 조건에서는 그런대로 국가의 모양을 유지할 수 있을 것입니다.

## 여호와 하나님은 누구인가?

Mun 여호와 하나님은 어떤 분이신지요?

Jesus 여호와 하나님은 인간과 신의 중간 영역을 담당하신 분입니다.

따라서 인간의 감정 파악에 충실하면서 하늘의 뜻을 전달함에도 충실하였습니다.

이러한 점은 수선재의 하늘과 우주의 구분에서 하늘의 역할에 비교해 보시면 아실 수 있을 것입니다.
인간에 아주 가까이 있되 신의 영역에 존재하는 분입니다.

Mun 혹자는 동이족이 말하는 여와(중국의 시조 태호 복희의 여동생)가 유대인이 말하는 여호와 하나님이라고 말하는 분도 있습니다. 맞는지요?

Jesus 발음상 비슷한 면이 있으나 그렇지 않습니다.
유사성을 들자면 하늘의 뜻을 내려 받아 폈다는 것입니다.
그런 분들이 많이 있지요.
종족마다 그런 분들이 계실 것입니다.

Mun 많은 신들이 있는데 왜 유대인은 유일신만을 강조하는지요?

Jesus 누구나 자신의 부모를 가장 최고로 생각하는 것과 같습니다.
특히 어려서 부모의 품을 벗어나지 못하였을 때는 특히 자신의 부모가 최고인 것 같지요. 그러한 원리와 같은 것입니다.
유대인은 자신의 조상인 하느님만이 최고인 것으로 생각하고 있는 것이지요.
하늘은 여러 가지가 있어 이곳에서 보면 이렇게 보이기도 하고 저곳에서 보면 저렇게 보이기도 하는 것이지요.
하지만 누구나 자신의 입장에서 하늘을 보므로 그러한 시각에서 그렇게 되는 것이지요.
이것이 흐려지면 민족이란 개념이 흔들리는 것이지요.

## 아브라함과 모세

Mun 유대인들이 예수님을 인정하지 않고 모세[23])를 추종하는 유대교를 믿는 점에 대하여 어떻게 생각하시는지요?

Jesus 그들은 나름대로 하늘을 보는 시각이 있었습니다.

하늘을 보는 시각에 따라 제가 보이기도 하고 그렇지 않기도 하였을 것입니다.

유대인에게는 저보다 모세가 인간적인 면에서 가까움을 주었으며, 따라서 모세를 추종하게 되었던 것입니다.

인간적이라 함은 중생들을 제도함에 있어 상당한 중요성을 지닙니다.

모세는 저처럼 탄생이 신비적이지 않고 사망 역시 인간의 범주에 들어 있습니다.

저를 어느 정도 사이비로 보는 면도 있습니다.

따라서 그들의 마음이 편한 길을 선택한 것입니다.

Mun 모세는 어떤 분이라고 생각하시는지요?

Jesus 인간적으로 훌륭한 분이라고 생각합니다.

인간은 그 등급에 따라 천차만별이어서 신의 단계에까지 미치는 수준의 인성을 갖춘 분들이 계시는가 하면 하찮은 동물에도 미치지 못하는 정도의 인간들도 있지요.

오히려 동물이었으면 차라리 더 나을 것이라는 생각이 드는 인간도 있습니다.

모세는 출생 시부터 상당한 격을 갖춘 분이었지요.

그 격이 더욱 빛이 날 수 밖에 없는 과정을 거쳐 성장하였습니다. 이러한 과정은 하늘이 있음으로써 하늘에 의해 사람들의 어떠한 부분이 인도되는가 하는 것을 보여줍니다.

Mun 아브라함에 대해서는 어떤 분이라고 생각하시는지요?

Jesus 하늘은 인간을 교화시키기 위해 여러 가지 모델을 만들어냅니다.
인간의 천성을 깨우치고자 함이 그 이유이지요.
그러한 분 중의 한분으로서 아브라함은 천성이 특A급으로 훌륭했던 분은 아닙니다.
후에 하늘에 의해 그렇게 된 분이지요.
선택에 있어 언제나 하늘의 판단을 존중했던 편이므로 그것이 하늘에 의해 크게 인정받은 경우이지요.

Mun 아브라함[24]과 모세를 지금도 하늘에서 서로 만나고 계신지요?

Jesus 하늘에 가까이 다가갔던 분들은 항상 서로 연락이 되고 있습니다.
만나고 아니고는 중요한 것이 아니지요.
상시 의사소통이 가능하므로 만나는 것이나 마찬가지인 것입니다.

Mun 그 분들이 현재 하늘에서 하시는 일은 무엇인지요?

Jesus 인간세상의 다양한 일에 관여하십니다.

---

23) 이스라엘 자손을 애굽(현 이집트)의 노예 상태에서 구출해 내어 독립된 한 민족을 형성하게 하고, 그들이 가나안 땅에 들어갈 수 있도록 준비시킨 이스라엘의 민족영웅. 시내산에서 10계명(출애굽기 20장 1~17절)을 받았다.

24) 이스라엘 민족의 시조이며, 100살에 낳은 아들 이삭을 하느님께 제물로 바침으로써 믿음의 조상이 되었다(창세기 22장 1~19절). 아브라함은 '열국의 조상'이라는 뜻이다.

신의 모습으로 존재하면서 신의 모습을 닮으려는 많은 인간들을 교화하는 중입니다.

### 성경속의 아담, 해와, 뱀

Mun 성서에서 말하는 아담, 해와[25]는 어떤 분이신지요?

Jesus 천종(天種)입니다.

하늘이 땅에 내려 보낸 인간들이지요.

창조설이 맞습니다.

원숭이는 진화를 해도 그리 될 수 없지요.

동물은 어디까지나 동물이기 때문입니다.

신성(神性)은 하늘이 내려 보내지 않으면 안 되는 것이지요.

몸은 진화가 가능하나 신성은 하늘이 내린 것입니다.

그래서 창조라고 하지요.

몸은 진화의 결과일 수 있으나 신성은 하늘이 창조한 것이기 때문입니다.

Mun 지금 이분들은 하늘에서 어떤 생활을 하시는지요?

Jesus 선계에 오르려면 신성과 일치가 되어야 합니다.

그렇지 않으면 하늘의 단계에서 머물 수밖에 없지요.

---

25) 아담과 해와는 창세기에 나오는 최초의 인류이다. 뱀의 유혹에 넘어가 금단의 과일(선악과)을 따먹고 하느님과의 약속을 어긴 죄로 낙원(에덴동산)에서 쫓겨났으며, 이로부터 인간은 괴로움을 알게 되었고 죽어야 하는 존재가 되었다고 한다.

하늘의 단계에서 생활하고 있습니다.

기독교가 번성하는 것은 하늘단계의 많은 선배들이 있어 이들이 인간의 일에 관여하기 때문이지요.

하늘이 인간을 길들이는 나름의 원칙을 잘 수행하고 있습니다.

Mun 아담과 해와를 타락시켰다는 성서에 등장하는 뱀은 누구인지요?

Jesus 인간의 본능입니다.

인간의 내부에 그러한 면이 잠재되어 있지요.

Mun 왜 뱀이라는 표현을 썼는지요?

Jesus 인간의 본능 중에서 사악하고 부정적인 부분을 비유할 수 있는 가장 적절한 동물이 뱀이기 때문입니다.

비유의 대상이었지요.

뱀은 그러한 상징적 임무를 가지고 있기도 하지요.

Mun 인간은 원래 완벽하게 창조되었으나 따먹지 말라는 선악과를 따먹은 죄로 인하여 태어날 때부터 죄인이라고 말하는 원죄론에 대해서는 어떻게 생각하시는지요?

Jesus 원죄론은 인간의 본능 속에 선과 악이 절반씩 존재하고 있는 바그 중에서 악의 부분이 항상 인간을 악의 방향으로 이끄는 작용을 하고 있음을 일컫는 것입니다.

인간뿐만 아니라 우주의 모든 것은 항상 균형을 이루도록 되어 있습니다.

음이 있으면 양이 있고, 물이 있으면 불이 있으며, 남자가 있으면

창조설이 맞습니다.
원숭이는 진화를 해도 그리 될 수 없지요.

여성이 있고 병이 있으면 반드시 치료법이 있도록 되어 있는 것입니다.

이러한 것이 인간의 마음속에는 선과 악으로 존재하는 것입니다. 선과 악은 그 자체로서 성격의 지향점을 나타내는 것이며, 그 성격이 외부로 표출될 때 그러한 형태로 나타나는 것입니다.

이러한 것을 교화에 의해 선의 방향, 즉 우주의 진화가 이루어지는 방향으로 유도하는 것이 바로 수련이자 공부이며, 이 과정에서 인간에게 교재로서의 역할을 하는 것 중의 하나가 원죄론입니다.

우주의 구성원리를 설명하는 이론중의 하나로써 인간을 교육함에 있어 절대로 필요한 하늘의 논리인 것이지요.

Mun 성서에서 말하는 타락론에 대하여 상세한 말씀 바랍니다.

Jesus 인간의 내부에는 항상 선과 악이 공존합니다.

이러한 공존상태에서 인간이 악의 방향으로 이끌리는 것을 타락이라고 합니다.

악의 방향은 퇴보의 방향으로서 진화에 역행하는 것이며 따라서 벌칙이 가해지도록 되어 있습니다.

물을 거슬러 올라가려 하면 힘이 드는 것과 같은 이치이지요.

우주의 존재 목적이 진화이므로 진화를 향한 방향으로 가는 것만이 우주 본래의 목적에 동참하는 것이지요.

Mun 성서에 나오는 에덴동산은 현재 어느 곳을 말하는지요?

Jesus 현재의 이스라엘을 말합니다.

에덴이란 특정한 한 곳이 아니라 그 지역의 일대를 일컫는 것으로써 이스라엘의 어느 도시가 아니라 그 지역 일대를 가리킵니다. 당시 아담과 이브는 그 부근의 지역을 돌아다니면서 생활하였으며, 이들 외에도 다양한 종족이 있었으나 이들이 대표성을 띠므로 이들을 선조로 지칭하는 것입니다.

## 성경의 허구는 의도했던 것

Mun 성경은 예수님 사후 700년 후에, 후세의 신학자들에 의해 써진 글이라고 하는데 얼마나 사실에 가까운지요?

몇 %가 사실이며, 몇 %가 허구이며, 전하고자 하신 내용에 몇 % 정도 근접해 있는지요?

성경의 내용에 만족하시는지요?

Jesus 성경은 사실이 아닌 부분이 상당부분을 차지하고 있습니다.

이러한 이유는 사실대로 쓴다면 인간의 본심을 끌어낼 수 없기 때문입니다.

인간은 단순하고 우매한 부분이 있어서 어느 정도는 신격화하여야 자신의 감정을 숨기지 않고 드러내는 것입니다.

인간의 바닥감정이 드러나야 그 위에서 진화를 논할 수 있습니다.

인간의 사고는 복잡한 듯해도 단순해서 그 양자의 차이를 잘 알아야 컨트롤이 가능합니다.

인간의 생각을 컨트롤하는 것은 생각보다 복잡하기도 합니다.

그러한 것을 단순화하고 단순한 생각을 중심으로 인간들을 이끌어 나가기 위해서는 많은 노력을 해야 합니다.

성경은 사실이 아닌 부분이 상당부분을 차지하고 있습니다.
이러한 이유는 사실대로 쓴다면 인간의 본심을 끌어낼 수 없기 때문입니다.

그러한 면에서 저는 많은 인간들의 생각을 단순화하여 이끌고 가는 점에서 나름대로 성공했다고 할 수 있지요.

성경은 약 40%가 사실이 아닙니다.

하지만 그러한 내용 자체가 저의 의도였으므로 만족하고 있습니다.

### 아담의 갈비뼈

Mun 당시 여성에 대해서는 평등한 생각을 지니고 계셨는지요?

Jesus 평등이란 격에 있어서의 문제이며, 기능상으로는 절대로 있을 수 없는 것입니다.

모든 일에는 순서가 있으며, 그 순서는 반드시 지켜져야만 하는 것입니다.

남녀 역시 격에 있어서는 동등하나 이러한 순서의 문제로 들어가면 다른 점이 있는 것입니다.

그러나 이 순서의 문제가 모든 문제의 핵심은 아니며 다만 진행 과정을 설명한 것일 뿐이지요.

남성과 여성은 동등하며 그 존귀함의 문제로 본다면 동식물과 이 세상의 먼지 한 톨까지도 나름의 권리가 있고 소중하지요.

저는 누구라도 차별을 두어 생각한 적이 없습니다.

Mun 구약 성서에 나오는 창조론 중에서 왜 여성을 비하하여 아담의 갈비뼈를 떼어내어 창조하였다고 되어 있으며 아담이 해와의 꼬임에 빠져 타락했다는 등 여성을 비하하는 말씀이 있는지요?

Jesus 그것이 바로 순서의 문제입니다.

과정을 설명한 것이지 비하한 것이 아니지요.

그리고 아담이 해와의 꼬임에 빠져 타락하였다고 설명한 것은 인간의 본능에 대한 설명이며 그 역할을 담당한 것을 비유한 것이지 해와가 여성을 특정한 것은 아닙니다.

본래 존재하였던 인간 본능의 선(善)과 이를 유혹하는 악(惡)을 지칭하는 것입니다.

여성이라기보다 상호간에 부정적 역할을 하는 것에 대한 비유입니다.

## 살아서 펴는 법, 죽어서 펴는 법

Mun 열두 제자는 예수님 생전에는 별 도움이 못 되다가 예수님 사후에는 갑자기 변신하여 새끼 예수님이 되어 예수님께서 생전에 하시던 역할로 각자 돌아가 자신들의 역할을 하게 되었습니다.

그 결과 기독교와 천주교가 예수님 사후 2000년이 넘는 세월을 가장 성공한 종교의 형태로 지금까지 존속하게 되었습니다.

제자들이 사명을 펴게 된 동기와 이들을 변화시킨 힘은 구체적으로 어떤 것이었는지요?

이들 각자에게 성령으로 임하신 것인지요?

부활[26]을 통하여 이들을 크게 개심시킨 것인지요?

Jesus 각자가 깨달음을 가진 것입니다.

저의 생전에는 저의 그림자에 가리고 제가 떠나면서 알려 주어야

만 하는 마지막 가르침을 받지 못한 상태이므로 배움의 완성이 되지 않고 있었던 것입니다.

허나 제가 떠나면서 알려준 마지막 지식의 전수로 그들의 배움이 완성되어 각자가 완성된 개인의 역할을 할 수 있게 된 것입니다.

이들이 변화된 구체적인 힘은 각자에게 내재된 힘이며 이 힘을 일깨운 동기는 저의 향천[27]입니다.

즉 스스로의 내부에 준비되어 있던 것이 일정 시점에서 발휘된 것이지요.

Mun 예수님께서 떠나면서 알려준 마지막 지식은 무엇이었는지요?

Jesus 제가 남긴 마지막 지식은 바로 향천과 부활입니다.

인간으로서 가질 수 있는 마지막 희망이지요.

어떠한 난관도 헤쳐 나갈 수 있는 희망의 의미를 말하는 것입니다.

이러한 지식을 기반으로 절대적인 신뢰를 가지게 되면 거기에서 바로 신념이 나오는 것이고 그 신념을 바탕으로 하늘의 뜻을 거침없이 펼 수 있는 것이지요.

Mun 왜 자신이 죽을 줄 알면서 유월절에 예루살렘에 입성하셨는지요?

Jesus 인간의 죽음, 특히 저의 죽음은 피할 수 있는 일이 아니었습니다.

그리고 그 일이 우주의 뜻을 인간들에게 설명함에 가장 직접적이

26) 기독교의 중심 교리 중 하나로서 예수가 죽은 뒤 다시 살아난 것을 가리킨다. 예수는 인류의 죄를 사하기 위해 십자가에 못 박혀 죽었으나 3일 후 되살아나 무덤을 빠져나왔으며, 그 후 40일 동안 때때로 모습을 나타내어 제자들의 신앙심을 깊게 하였다고 한다.

27) 하늘로 돌아감, 즉 죽음을 의미한다.

인간의 죽음, 특히 저의 죽음을 피할 수 있는 일이 아니었습니다.
그리고 그 일이 우주의 뜻을 인간들에게 설명함에 가장 직접적이고 강력한 방법인데 알고도 피한다면 이러한 족적을 남길 수 없었겠지요.

고 강력한 방법인데 알고도 피한다면 이러한 족적을 남길 수 없었겠지요.

사명을 다한 것입니다.

가장 중요한 것은 부활이 아니라 바로 이 죽음이지요.

죽음이 없었다면 부활도 없었겠지요.

이 죽음이 모든 것의 시작이었던 것입니다.

Mun 십자가에 돌아가신 죽음에 대해 큰 의미를 부여하고 계십니다.

십자가에 돌아가신 일이 우주의 뜻인 것은 왜인지요?

동양의 유교적인 입장에서는 전장에 나간 장수의 경우를 제외하고는 타살된 경우를 높이 평가하지 않습니다.

예수님의 죽음은 왜 특별히 의미가 있는 것인지요?

Jesus 교수법입니다.

살아서 펴는 방법과 죽어서 펴는 방법이 있습니다.

부활을 통하여 희망의 메시지를 주기 위해서는 죽음을 이용하는 방법 이외에는 없었지요. 방법상의 차이입니다.

가장 큰 감명을 주는 것은 인간들에게는 적어도 하늘 단계에서 인간의 명을 거두는 향천, 그리고 이 향천을 되돌려 놓을 수 있는 부활이 가장 크게 감명을 시킬 수 있는 것이었지요.

저의 죽음이 특별한 의미가 있는 것은 바로 부활입니다.

부활이 없다면 저의 죽음도 한낮 범부의 죽음과 다를 바가 없겠지요.

## 예수의 진짜 사명은?

Mun 예수님께서는 왜 돌아가심으로서 그 자취를 크게 남기시는 스케줄을 택하신 것인지요?

혹자는 반은 성공하셨고, 반은 실패하셨다 고도 합니다. 그래서 메시아가 필요하다고도 하지요.

당시 예수님의 사명은 어디까지였는지요?

사명을 어느 정도 달성하신 것인지요?

Jesus 저의 사명은 구원에 관한 논쟁거리를 제공함에 있습니다.

구원에 대하여 인간이 탐구함은 그 자체로서 많은 수의 인간들을 구원, 즉 선계로 인도하게 합니다.

구원에 대한 논쟁은 달리 말하면 선악에 대한 논쟁이자 악에 빠진 인간들이 탈출할 할 수 있는 통로를 열어줌으로 인하여 세상을 순화하고 긍정적으로 변화시키기 위한 조치이지요.

실수든 고의든 길을 잘못 든 인간들을 다시 정상적인 궤도로 올리기 위해서는 특단의 방편이 있어야 하며 이러한 방편은 인간의 유형이 다양한 만큼 그 방법도 다양하게 준비될 필요가 있습니다.

이러한 방법 중에 참선도 있고, 기도도 있으며 일상생활에서 법률을 통하여 조치하는 방법 등도 있습니다.

종교란 하늘의 입장에서 볼 때 인간을 정화시킴으로써 지구별의 영적 수준을 끌어올리고 우주의 진화에 기여하도록 하기 위한 기능입니다.

저의 사명은 이러한 절차를 완성함에 있는 것이 아니라 논쟁의 소지를 제공하므로 인간들이 지속적으로 이러한 부분에 대하여 깊이 탐구하도록 함에 있으므로 저의 사명을 완성한 것이지요.
인간의 학문이 아닌 신의 학문(神學)을 연구하도록 한 것만도 상당한 성과라고 할 수 있습니다.

Mun 예수님의 사명이 구원에 관한 논쟁거리를 제공함에 있다고 하셨는데 이 같은 사명은 당시의 메시아와 어떻게 구분되는 것인지요?

Jesus 인간의 구원은 다양한 방법으로 이루어집니다.
그 중의 하나가 바로 말씀을 통하여 전달되는 하늘의 기운을 따라가는 것이고, 둘째는 스스로 잠재된 자신의 영성을 깨우쳐 스스로 구원을 받는 것입니다.
셋째, 기운으로 타에 의해 깨우침을 받는 경우도 있으나 이 모든 방법이 자신에게 적합하여야 할 것입니다.
이 중 가장 평범하고 대중적인 방법은 바로 많은 수의 사람들이 구원을 받을 수 있는 방법을 펴는 것인바 이것은 첫째의 방법으로 가능한 것이고, 말씀이란 방법을 통하여 하늘과 우주의 메시지를 전달함으로 행해지는 것입니다.
둘째 방법은 아주 극소수의 인간만이 가능한 방법으로써 하늘의 파장을 받을 수 있도록 거의 완성된 상태에서 수련에 인연이 됨으로써 깨달음의 길을 가는 것입니다.
이것은 스승 및 깨우침의 길을 가는 선배나 동료들, 그리고 이 길을 감에 필요한 조건들이 나름대로 조성되었을 경우 가능한 것입니다.
셋째 방법은 스승이나 빼어난 능력을 가진 선배, 동료들의 힘에 의해 하늘에 다가서는 방법으로서 인연이 가장 중요한 요소가 됩니다.

저의 경우 제가 직접 대중들을 구제 한다기보다 말씀을 통하여 구원에 대한 다양한 논쟁거리를 제공하고 이 논쟁을 통하여 구원의 길을 확인하고 그 길을 가도록 함으로써 메시아의 역할을 간접적으로 하고자 하였던 것입니다.

저의 직접적인 방법은 대중들에게 수용되기 힘든 부분이 있으나 나중에는 대중들이 깨임으로써 제가 전달한 하늘의 뜻을 이해하고 받아들일 수 있게 되리라 생각하였습니다.

하늘의 말씀이 바로 메시아이며, 이 말씀을 전달하는 것도 메시아의 기능의 일부라고 할 수 있습니다.

논쟁도 두 가지가 있는데 종교에서 저의 방법은 극도로 성공한 방법이라고 할 수 있습니다. 수많은 사람들이 이 문제를 놓고 지금까지도 논쟁을 벌이고 있고 앞으로도 논쟁을 벌일 것인데 이 과정에서 문득 깨달음을 얻는 경우가 많을 것입니다.

성령이니 은혜니 하는 것이 모두 하늘의 기운에 의한 것입니다.

논쟁은 본인이 참석하지 않으면서도 인간의 지혜만으로 하늘의 뜻을 전달함에 가장 바람직한 방법 중의 한 가지이기도 하지요.

## 부활인가? 환영인가?

Mun 십자가형에 의해 사망한 것이 사실인지요?

혹자는 십자가 형 이후에 제자들에 의해 살아남으시어 그 이후 인도 등지에서 80세경까지 '이사' 라는 이름으로 생활하셨다는 등의 설도 있습니다.

그 자취를 엮은 책도 있습니다.

Jesus 당시에 사망한 것은 사실입니다.

수많은 사람들이 본 것과 일부 사람들이 주장하는 것을 비교해 보면 수많은 사람들이 목격한 것이 사실임을 증명할 수 있습니다.

숨어 산다는 것은 대인의 경우 있을 수 없는 일이지요.

소설입니다.

Mun 십자가형으로 사망하셨다면 그 이후 사흘 만에 부활하시어 살아 있는 사람들에게 나타나셨다가 하늘로 승천하셨는지요?

천주교와 기독교의 핵심은 바로 이 부활에 있는 것으로 여겨집니다.

역사상 어떤 성인도 죽은 후 다시 부활하였다가 승천한 예가 없었기 때문입니다.

성령으로 잉태하여 태어났고, 수많은 기적을 행하였으며, 죽은 뒤 부활하여 승천하였기에 하느님의 독생자가 틀림없다는 것이지요.

헌데 왜 기적을 밥 먹듯이 행하시던 분이 자신의 죽음은 피할 수 없었는가 하는 의문을 제시하는 분들도 있습니다.

Jesus 인간의 몸은 한번 죽으면 그것으로 끝인 것이며, 다시 살아날 수 없습니다.

이것은 생명체들이 가지고 있는 한계이며 인간의 경우에는 일정 시간동안 육신을 이용하여 결정적인 진화를 할 수 있는 동기를 부여하기도 하는 것입니다.

부활은 제자들이 목격한 것이며, 저의 육신이 부활한 것이 아닙니다.

부활보다 목격이 사실인 것입니다.
즉 저의 환영을 본 것입니다.

부활보다 목격이 사실인 것입니다.

즉 저의 환영을 본 것입니다.

인간은 다양한 정신적 활동을 하고 있으므로 물리적 활동과 아울러 정신적 활동도 일어나는 것이며 정신적 활동도 또한 사실인 것입니다.

허나 정신적인 활동은 사실이면서도 비가시적인 경우가 많아 타인의 입장에서는 비현실적으로 생각되는 경우가 많습니다.

대부분의 기적이란 것도 이러한 면이 상당비율을 차지하고 있습니다.

죽음은 일정에 의한 것이며, 피할 수 있었던 것이 아닙니다.

저의 생이 그만큼에서 마무리되도록 정해졌던 것입니다.

Mun 예수님께 사형선고를 내린 자는 정확히 누구였는지요?

유대인이라는 등, 로마인이라는 등 설이 분분하여 문의합니다.

즉 예수님을 돌아가시게 한 자들은 로마인들인지요, 유대인들인지요?

그간 예수님으로부터 기적을 통해 은혜를 입고 예수님을 따르던 많은 민중들이 한꺼번에 등을 돌리고 예수님의 사형 결정에 묵묵부답이거나 찬동한 이유는 무엇인지요?

Jesus 로마인들입니다.

항상 모든 것을 정치적으로 보면 정치적이고 사회적으로 보면 사회적입니다.

로마인들은 상당히 정치적인 면이 있으며, 정치적인 사람들은 타인이 자신보다 우월해 보이는 것을 참지 못하는 면이 있습니다.

그러면서도 권력 앞에서는 철저히 자신을 낮추기도 하지요.
또한 대중들은 우매한 면이 있습니다.
권력 앞에 순종하는 편이지요.
자신에게 손해가 온다 싶으면 언제나 권력에 아부하는 것이 또한 대중들의 행동이기도 하지요.
그것은 그들의 생존방식이므로 무엇이라고 할 수 있는 일이 아닙니다.
그들의 마음속에 남아 있는 것이 중요하지요.

Mun 향천 년월일은 언제이며, 부활절[28]은 언제인지요?
Jesus 3월 5일 정도인 것 같습니다.
부활절은 그 이후 3~4일 정도 될 것입니다.

Mun 현재 그리스도교에서 말하는 일자와 좀 다른 것 같습니다.
Jesus 제 말이 맞을 것입니다.
허나 날자가 별 의미는 없으므로 그렇게 생각한다면 그것으로 되었습니다.

Mun 왜 다시 온다고 했는지요?
그 이유로 인하여 예수님의 재림주로 자청하는 분들이 많이 있습니다.
Jesus 저는 하늘의 말씀을 전하는 역할을 한 것이고, 그 말 역시 하늘의 말을 전한 것이지 반드시 제가 온다는 의미는 아니었습니다.
그러한 의미에서 후세에 하늘의 뜻을 전달하는 사람들은 많이 태어 날 것입니다.

그것은 꼭 누구라고 한사람이 정해진 것은 아닙니다.

Mun 예수님의 탄생 백여 년 전에 있던 쿰란교단의 경전이라고 일컬어지는 "사해의 두루마리[29)]"가 1947년에 발견되었습니다.

예수님의 산상수훈과 많이 유사한 내용이 담겨있다고 합니다.

쿰란교단을 알고 계셨는지요?

Jesus 우주의 파장은 진화를 위한 방향으로 나가도록 인도하는 것이고, 따라서 그 방향으로 나가는 다양한 유형의 경전이나 교리가 있을 수 있습니다.

쿰란교단의 경우도 이와 유사한 경우로 볼 수 있겠지요.

사전에 알지는 못하였습니다.

아마도 유사한 파장을 받을 수 있는 분이 계시지 않았나 싶습니다.

### 지구인의 미래

Mun 지구 인간의 미래에 대해서 어떻게 생각하시는 지요?

Jesus 지구인, 즉 인간의 미래는 어둡지도 밝지도 않은 인간의 수준 그대로입니다.

---

28) 예수 그리스도의 부활을 기념하는 절기. 정확한 날짜를 모르기에 춘분이 지난 첫 만월 다음에 오는 첫 번째 일요일을 부활절로 지킬 것을 니케아 회의(325년)에서 확정했으며, 그 후 부활절은 대개 3월 22일에서 4월 25일 사이에 지켜졌다.

29) 사해의 두루마리(Dead Sea Scrolls)는 사해의 북서 연안 근처의 '와디 쿰란(Wadi Qumran)' 지역에서 발견된 두루마리. 성경 본문과 신구약 중간시대 유대교의 중요한 초기 자료가 되고 있다.

밝은 인간은 밝게 살 것이고, 어두운 인간은 어둡게 살 것입니다.
그러나 전체적으로는 점차 나아지는 방향으로 갈 것입니다.
인간의 삶은 자신들의 몫을 챙기기 위한 과정으로 이어져 왔습니다.
그 뒤에 각종 신들이 관여한 부분도 있고 스스로에 의해 일어난 일들도 있습니다만 인간의 역사는 자신들의 조건을 유리하게 바꾸어 가는 날들로 계속되어 왔습니다.
앞으로도 그러한 방식으로 갈 것입니다.
이 과정에서 신의 세계를 알고 있는 인간들의 뜻이 어떻게 반영되는가에 따라 개별적인 차이가 있을 것입니다.
저 역시 신의 세계를 인간계에 전달코자 하였습니다만 그러한 길을 걸어감에 수천 년이 걸렸습니다.
모든 것이 전부 마찬가지일 것입니다.
하지만 수천 년이란 세월이 결코 긴 것은 아닙니다.
우주의 역사로 본다면 아주 짧은 세월일 수도 있지요.
하지만 인간의 입장에서는 우주에서 수억 년과 맞먹을 60여년이지요.
그 중에서도 공부를 할 수 있는 햇수는 몇 해 되지 않습니다.
잘 알아서 해야겠지요.

Mun 예수님은 불같은 성격으로 火의 성격이 짙으시고, 부처님은 水의 성격이시고, 공자님은 木의 성격이시며, 소크라테스님은 金의 성격이라고도 합니다.
앞으로 나오게 되실 분은 土의 성격을 지닌 분이신지요?
그분이 누구라고 생각하시는지요?

벌써 나오셨는지요?

아니면 앞으로 언제 나오실 예정이신지요?

Jesus 우주의 모든 것은 오행에 의해 구성됩니다.

방금 말씀하신 바와 같이 다양한 성격의 위인들이 시대를 거치면서 나타나게 되는 바 이 모든 것들은 지구의 필요에 의해 결정됩니다.

다른 모든 것들이 우주의 스케줄에 의해 결정되는 것이나 이 부분, 즉 지구의 결핍사항은 지구의 필요에 의해 결정되고 충족되는 것입니다.

앞으로 어느 한 부분에 치우친 위인도 필요하겠지만 그렇지 않은 경우도 있을 것입니다.

확답이 어려운 이유는 워낙 다양한 파장을 지닌 인간들이 존재하는 지구이기 때문입니다.

제가 말씀드릴 수 있는 범위를 넘은 사안입니다.

Mun 예수님의 앞으로의 계획과 현재 하고 계시는 일, 후세인에게 전하고 싶은 내용을 말씀해 주기 바랍니다.

Jesus 이미 제 역할은 끝났으며 현재는 우주의 일원으로 존재할 뿐입니다.

나머지는 후세인들이 알아서 할 일이며, 저의 일은 우주의 진화에 동참하여 역할을 하는 것입니다.

후세인들은 하늘의 뜻이 무엇인가 정확히 알아서 행동해야 할 것입니다.

하늘의 뜻을 빙자한 인간의 뜻과 하늘의 뜻을 혼동하는 일이 없어야 할 것입니다.

## 천주교, 기독교에 대하여

Mun 예수님 이후의 수많은 천주교와 기독교 순교자와 박해자들의 운명에 대하여 어떻게 생각하시는지요?

또한 예수님의 이름을 걸고 치러진 수많은 전쟁의 희생자들의 운명에 대하여는 어떻게 생각하시는지요?

Jesus 종교적인 순교에 대하여는 그 부분을 담당한 하늘이 책임을 지고 있습니다.

사람으로 존재하면서 얻는 것과 잃는 것은 언제나 반반이며, 순교로 인하여 얻는 것은 그 잃은 것에 상응합니다.

하늘을 위해 바쳤다면 하늘도 그 사람을 위해 무엇인가를 바칠 것입니다.

이 경우 상하의 개념이 아니고 동등한 개념으로 계산되며, 이 부분에 대하여는 가중치가 부과되므로 더욱 큰 보답을 받게 되는 것입니다.

동일한 향천이라도 일반적인 향천과 달리 순교의 경우 하늘에서 명을 거두어들이면서 내리는 보답이 천양지차이므로 인간으로서 가장 값어치 있는 향천이라고 할 수 있습니다.

남을 돕다 향천하는 것이 가장 큰 것이나 그 중에서 하늘을 위해 향천할 수 있음은 더 없이 값진 것이기 때문입니다.

한 푼을 가진 사람을 돕다가 죽으면 한 푼의 몇 분의 일을보답으로 받을 수 있을 것이며 열 푼을 가진 사람을 돕다가 죽으면 열 푼 중에서 몇 푼을 받을 수 있을 것입니다.

하늘과 우주를 위해 죽는다면 무엇이 올 것 같으신지요?

하늘을 위해 바쳤다면 하늘도 그 사람을
위해 무엇인가를 바칠 것입니다.

이것이 답입니다.

그러나 저의 이름을 걸고 치러진 전쟁은 경우가 다릅니다.

저의 이름을 걸었으나 진정 하늘을 위한 것인가, 아니면 저의 이름을 걸었으나 자신의 욕심을 채우기 위한 것인가에 따라 그 대가가 달라질 것입니다.

이러한 전쟁에 참가한 사람들의 경우에도 자진하여 참가한 경우와 억지로 참가한 경우가 있고 그 공헌도 운이 좋아서 승전한 경우와 피눈물 나는 노고로 승전한 경우에 그 공로의 계산이 동일할 수 없습니다.

모든 것은 가장 상식적인 수준에서 결정되는 것입니다.

우주란 바로 그 기준을 정하는 곳이기 때문입니다.

Mun 최근 천주교의 교황이 바뀌었습니다.

천주교의 미래에 대해서 어떻게 생각하시는지요?

천주교는 언제까지 어떤 형태로 존재하는 것이 바람직하다고 여기시는지요?

천주교는 사명을 다하고 있는지요?

어떤 예언자들은 천주교가 얼마 후에는 대가 끊기고 더 이상 존속하지 않는다고 말하기도 합니다.

Jesus 천주교는 진리를 전파하는 종교입니다.

진리를 전파하는 한 절대로 망하지 않습니다.

하지만 진리를 전파하지 않을 때 망하는 것이지요.

천주교의 흥망은 하늘의 뜻 보다 이것을 가꾸고 보살피는 인간의 뜻에 달렸습니다.

진리는 동일하나 세상은 변해 왔으며, 따라서 이것을 설명하는 방법과 받아들이는 방법이 항상 바뀌어왔지요.

현실의 변화에 따라갈 수 있는 방법이 가장 현명한 방법입니다.

천주교라는 이름이 바뀔 수는 있어도 하늘의 뜻을 펴는 종교가 끊어질 수는 없지요.

Mun 천주교 사제(신부와 수녀)들의 독신 서약에 대하여 어떻게 생각하시는지요?

Jesus 반드시 100% 옳은 것은 아닙니다.

다만 하늘의 뜻을 정확히 받기 위해 자신을 정화하는 방법 중의 한가지일 뿐입니다.

허나 이 방법으로 자신을 정화하였을 경우 하늘의 뜻을 받는 정확도가 높아지므로 그러한  방법을 권하는 것입니다.

수선재의 경우도 우주의 파장을 비교적 간섭 없이 받기 위하여 불필요한 탁기의 생성을 줄이려는 노력의 일환으로 독신을 유지하는 것은 다른 종교의 경우와 마찬가지로 괜찮은 방법 중의 하나입니다.

Mun 현재의 기독교에 바라시는 점은 무엇인지요?

기독교는 언제까지 어떤 형태로 존재하는 것이 바람직하다고 여기시는지요?

기독교는 사명을 다하고 있는지요?

기독교는 인류 역사가 존재하는 한 지속될 것인지요?

솔직히 생각하실 때 천주교와 기독교 중 어느 종파가 더 마음에 더 드시는지요?

Jesus 사명에 대한 부분 역시 절반씩입니다.

어느 종교를 막론하고 하늘의 뜻을 100% 수행하는 종교는 없습니다.

지도자들은 비교적 하늘의 뜻을 따르려고 노력하는 것처럼 보이고 있으나 전부 그런 것은 아닙니다.

그렇게 되려면 지도자의 모든 생활이 전부 투명하게 노출되고 그것이 회원들에 의해 검증되어야 할 것입니다

허나 이러한 방법은 성직자의 길을 가려는 사람들을 극히 어렵게 하므로 종교의 확산에 방해가 되는 일입니다.

따라서 어느 선에서 회원들이 양해할 것인가가 관건이라고 할 수 있습니다.

기독교는 다양한 유형으로 분리되었는바 이러한 것은 교리해석상의 문제가 있으나 바람직한 것은 아닙니다.

스스로 잘났다고 생각하는 것은 좋으나 그것을 타인에게 강요할 수는 없는 것입니다.

선택은 본인의 일이며, 바람직하고 아니하고에 대한 판단 역시 본인의 일입니다.

천주교와 기독교 중 각기 장단점이 있으므로 어느 것을 선택할 수는 없는 문제입니다.

근본적인 부분에 대하여는 동의하나 행동하는 과정에서 각기 문제를 안고 있기 때문입니다.

### 죄는 누구도 대신할 수 없는 것

Mun 앞으로 수선재가 예수님의 제자들인 천주교, 기독교와 관계를 모색하고 싶습니다.

어떻게 생각하시는지요?

가능하다고 보시는지요?

수선재가 어떻게 하면 이들의 마음을 얻을 수 있겠는지요?

이 부분에서 예수님의 조언을 바랍니다.

Jesus 어느 종교든 열린 면이 있습니다.

열린 면을 이용하면 아주 많은 것을 얻을 수 있지요.

하지만 기독교는 그렇게 많은 면을 열어놓고 있는 종교가 아닙니다.

인간의 종교이기 때문이지요.

하늘의 종교는 많은 것을 열어 놓고 가지만 인간의 종교는 많은 것을 닫아놓고 가지요.

수선재는 우주의 문(門)이므로 전부 열어 놓고 가고 있으나 다른 종교들은 아직 닫아야 할 부분들이 많지요.

스스로 부족함을 알기 때문입니다.

이러한 부분들이 해결되고 나면 모든 것을 열고 받아들일 수 있으나 아직은 부족한 면이 많아 그리 되는 것이 쉬운 일은 아닐 것입니다.

인간이므로 그러한 것이니 이것은 누구를 탓할 수도 없는 것입니다.

그 종교의 속성이 그러한 것이니 스스로 열릴 때를 기다리거나 부족한 점을 깨달은 사람들이 나와서 다음 단계로 가야겠지요.

수선재가 영적 부분에서 기독교에 비할 수 없는 장점을 가지고 있으나 기독교는 아주 편협한 면이 있습니다.
수선재가 기독교와 함께 가려면 이것을 볼 수 있는 사람들이 얼마나 있을 것인가에 달려 있습니다.
이러한 편협한 면 역시 인간의 수준을 그대로 보고 설정하였기 때문입니다.
종교란 인간의 속성을 이용하는 것이 성공의 가장 큰 지름길입니다.
자신의 죄를 용서받을 수 없는 인간들에게 하늘이 대신 용서를 구해준다는 것은 있을 수 없는 논리상의 오류를 범하고 있는 것입니다.
자신의 죄는 누구도 대신 받아줄 수 없는 것입니다.
헌데 기독교는 이러한 논리를 사용하여 많은 인간들을 끌어들이고 있지요.
원래 제가 의도했던 바는 아닙니다.
하지만 이렇게 된 근본적인 이유는 저의 뜻을 폄에 있어 많은 인간들이 고민을 거듭했던 결과입니다.
성경에는 일부 조작적인 부분도 있지요.
하늘의 뜻을 100% 정확히 기재한다는 것은 어렵습니다.
아무리 천재라고 해도, 녹음기를 가지고 기록했다고 해도 그 의미까지 분석해서 정확히 기재한다는 것은 인간의 경지에서 할 수 있는 일이 아니지요.
허나 있을 수 있는 오류의 범위라고 생각합니다.
모든 인간들에게 만족스런 답을 주기는 어렵습니다.
그래서 불교에서는 자신의 잘못을 자신이 갚아나가는 것을 업보라고 하면서 진리로 보고 있지요.

현재까지 종교의 양대 맥은 자신의 죄를 타인이 구해주느냐, 스스로 구함을 받을 것인가로 구분할 수 있습니다.

이 관점에서 벗어나 이제는 다른 사람의 죄의 근본까지 들어갈 수 있는 것이 바로 하늘이자 우주의 길입니다.

## 신계의 성지, 이스라엘

Mun 제가 금년(2005년) 5~6월 경 예수님과의 대화를 기반으로 하여 천주교와 기독교의 성지인 이스라엘, 요르단, 이집트를 방문하고자 합니다.

이곳들에도 볼텍스[30)]가 있는지요?

있다면 어딘지요?

이곳들을 방문하면서 어떤 곳을 어떻게 방문하면 좋은 지에 대하여 조언해 주시기 바랍니다.

당시 예수님의 심정을 느껴보고 싶습니다.

Jesus 선생님께서 천주교와 기독교의 성지를 방문해 주신다면 그러한 영광이 없겠습니다.

이스라엘은 모든 사람들에게 한번은 가보아야 할 곳이지요.

---

30) 지기 집결 내지는 분출 장소인 일반 볼텍스 개념과는 상이하다. 선계수련의 볼텍스는 천기가 모이는 장소로서 마음을 비우고 천기를 받아 수련을 진전시킴에 도움이 되는 곳이다. 기가 장한 지역이라는 면에서는 동일하므로 이해를 돕기 위하여 우선 동일한 명칭을 사용하나 깊이 들어가면 그 의미가 다르다.

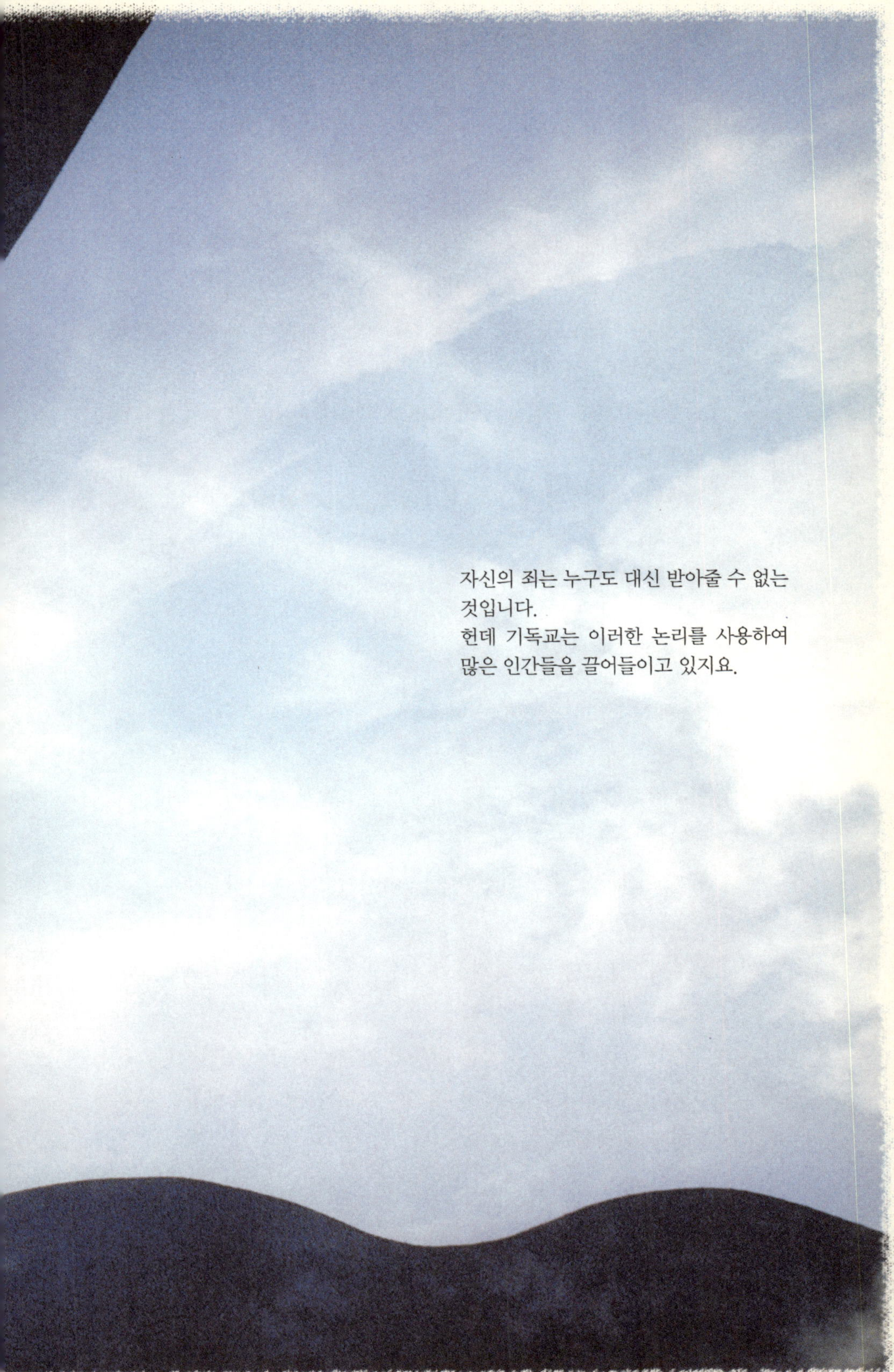

자신의 죄는 누구도 대신 받아줄 수 없는 것입니다.
헌데 기독교는 이러한 논리를 사용하여 많은 인간들을 끌어들이고 있지요.

요르단이나 이집트도 마찬가지입니다만 의미가 다르지요.
이스라엘은 신계의 성지로서 가보아야 할 곳이나 다른 곳은 인간과 신의 세계가 혼합된 곳이지요.
그러나 이곳을 방문 시 하늘의 기운에 의지해서 가시는 것이 좋을 것입니다.
보통의 인간들이 원하는 지기의 경우 기대하신만큼 오지 않을 수 있습니다.
선생님의 행련 시 제가 작은 도움을 드릴 수는 있으나 이미 명당으로서의 소임을 다한 땅이므로 큰 기운을 기대하지 않으시는 것이 좋으실 것입니다.

### 한국인들에게 빈번히 출현하는 이유

Mun 현재에도 많은 영 능력자들에게 예수님께서 빈번히 나타나셔서 증언을 하신다고 주장하는 분들이 있습니다.
또 한국인들 앞에 특히 많이 나타나신다고도 합니다.
맞는지요?

Jesus 우주의 파장보다 하늘의 파장은 인간의 입장에서 더욱 강력합니다.
가깝기 때문이지요.
따라서 하늘의 파장을 받는 수준의 인간들은 많이 있습니다.
그러나 우주의 파장을 받을 수 있는 사람은 하늘의 파장을 받을 수 있는 사람보다 훨씬 적습니다.
하늘의 파장을 받을 수 있는 사람들 중에서 일부가 저의 파장을 받았다는 이야기를 할 수 있습니다.

이러한 사람들은 자신이 평소 궁금했던 부분을 저로부터의 계시로 풀었다는 듯이 이야기할 수 있습니다.

일반적인 현상이지요.

한국인들 앞에 많이 나타나는 것은 영성이 그만큼 발달하였기 때문입니다.

한국에 종교적 시설이 많다는 것도 그와 연관되는 것이지요.

한국인(동이족)들의 영성은 남다른 면이 있습니다.

Mun 저와 대화하기 이전에 많은 분들과 대화하신 적이 있으신지요?

Jesus 대화보다는 파장을 보내 전달하는 방법을 사용합니다.

다수의 대중을 상대로 하늘의 뜻을 펴는 파장을 보내는 것이지요.

파장 방송국 같은 역할입니다.

이러한 역할을 하는 분들은 많이 계시지요.

대화가 불가능한 사람들에 대해서는 일방적으로 파장을 보낼 수밖에 없습니다.

이 중에서 저의 파장을 강력히 받은 사람들이 하는 말이 바로 위의 답변 같은 것이지요.

대화가 가능한 것은 대화를 할 수 있을 때이지요.

대화를 하는 경우는 없었습니다.

지금은 대화를 할 수 있어 많이 기쁩니다.

Mun 한국의 기독교와 천주교가 전 세계에서 유난히 번창하는 이유는 무엇이며, 한국인들(신도와 비신도)에게 전하고 싶으신 말씀이 있으신지요?

한국인에 대하여는 어떤 생각을 갖고 계시는지요?

Jesus 다수의 한국인들의 영성이 하늘의 단계에 이르렀기 때문에 가능한 일입니다.

이러한 추세는 앞으로 우주의 단계에 이를 많은 사람들이 있음을 말해주는 것입니다.

진정 우주의 파장을 받을 수 있기 위해서는 하늘의 파장을 받는 공부가 선행되어야 하지요.

한국인들은 근본적으로 착한 민족입니다.

어렵겠지만 하늘의 길은 원래 그러한 것입니다.

마음으로 받아들일 때 모든 것이 열리겠지요.

하늘은 공정하고 바르니까요.

## 라엘리언 무브먼트와 수메르 문명

Mun "라엘리언 무브먼트[31)]"를 주창한 어떤 프랑스인은 자신이 예수님의 현신이라고 주장합니다.

어떠신지요?

Jesus 그런 이야기는 하늘의 파장을 받을 수 있는 사람은 아무나 할 수 있는 이야기입니다.

하지만 그 내용을 자세히 들어보면 참인가 거짓인가 알 수 있지요.

인간의 수준은 참으로 다양하므로 별의 별 말을 하는 사람이 있어도 그 말에 동조하는 일부가 항상 존재할 수 있습니다.

라엘리언 무브먼트의 경우 하늘과 우주의 중간대역의 파장을 수신한 사람들이지요.

모든 것을 수신한 것이 아니라 일부를 수신하였습니다.

그 일부도 물질과 정신의 대역 중 물질적인 대역을 많이(물질파장 75% :정신파장 25%) 수신함으로서 종교적 색채를 띠면서도 과학적으로 보이기도 하는 논리적 구성을 가지고 있습니다.

자신이 예수라고 주장하는 경우를 보면 하늘의 파장 중에는 제가 보낸 파장이 있으므로 그 파장을 받으면 그러한 말을 할 수 있습니다.

아주 유사하므로 그런 생각을 할 수 있다고 생각합니다.

하늘과 우주의 파장을 펴는 것에는 다양한 방법이 있지요.

Mun 유대인 보다 천년 정도 앞선 인류 최초의 문명인 수메르 문명[32] 에 대하여 아시는지요?

혹자는 수메르가 유대인의 조상이라고 주장하고 있으며, 혹자는 수메르가 동이족의 후손이라고 주장합니다.

그렇다면 동이족인 한국인과 유대인은 같거나 비슷한 종족이 됩니다.

어떻게 생각하시는지요?

Jesus 종족은 다양한 갈래를 거쳐 후손들에게 이어지므로 계보에 따라

---

31) 1973년 프랑스 기자였던 라엘이 프랑스 중부 사화산구에서 우주인 엘로힘을 만나 메시지를 받게 된 후로 창설된 국제 라엘리안 무브먼트(International Raelian Movement)를 말한다.

32) 기원전 4500-4000년경에 지금의 이라크 땅인 메소포타미아 지역에 나타나 약 2천년 동안 이 지역을 지배하다가 사라진 민족

정리를 해 볼 수 있습니다. 유대인은 수메르의 혈통을 일부 이어받았습니다.

또한 수메르는 동이족과도 연관이 있습니다.

적도에서 위로 올려다본다면 유대인은 좌측으로 뻗어 나간 종족인 반면 동이족은 우측으로 뻗어나간 종족입니다.

한 조상의 두 자손 격이지요.

하지만 유대인은 극히 일부의 지역에서 집중적으로 거주하면서 지혜를 갈고 닦아 많은 노하우를 축적하였지요.

반면 동이족은 아주 넓은 지역에 산재하므로 다양한 국가를 구성하고 있지요.

아시아에서 남미까지 동이족의 계열이 있습니다.

집중과 분산은 상호간에 다양한 이점이 있으므로 차이로 볼 수 있습니다.

### 저 역시 진화의 길을 가고 있습니다

Mun 예수님은 원래 어느 별에서 온 분이신지요?

Jesus 별이라기보다는 하늘에서 왔으므로 우주의 일부 진공상태에서 힘을 받아 지상으로 내려온 경우입니다.

저는 특별히 고향별이라고 할 수 있는 곳이 없습니다.

하늘에 있을 때 하늘 단계에서 가볼 수 있는 이별, 저별을 여러 곳 다니기는 하였지요.

하지만 고향별이라고 할 수 있는 별은 없습니다.

우주에는 하늘 단계에서 가볼 수 있는 별들이 정해져 있지요.
고차원의 별은 제가 가볼 수 없는 곳입니다.
선생님이 앞으로 가실 그러한 곳은 저는 아직 엄두를 낼 수 없습니다.
하지만 진화의 대열에 동참하여 열심히 가다보면 비슷한 곳에는 갈 수 있으리라는 희망을 가지고 있습니다.

Mun 지금은 어떤 하늘에서 무슨 생각을 하며 어떤 일을 하며 생활하시는지요?
Jesus 지금도 저는 하늘의 파장을 지구를 비롯한 여러 별에 펴는 일을 하고 있습니다.
그저 끊임없이 다양한 저의 파장을 보내는 것이지요.
파장 방송국이라고 할 수 있습니다.
하늘의 파장을 계속 보내고 있습니다.
하늘의 파장을 받는 많은 사람들이 우주의 파장을 받을 수 있도록 진화를 거듭하여 주었으면 하는 파장을 보내면서 저 역시 진화의 길을 가고 있습니다.

Mun 예수 이후에 인간으로 나오신 적이 있거나 아니면 앞으로 다시 인간으로 태어나실 생각은 없으신지요?
Jesus 아직 인간으로 나온 적이 없습니다.
현재로서는 앞으로도 나가고 싶은 생각이 없고요.
지상의 공부는 정말 재미있으면서도 힘겨운 부분이 있습니다.
두 가지가 공존하므로 지구의 역할을 충실히 할 수 있는 것이지요.

앞으로는 현재의 모습 그대로 얼마간(수억만 년이 될지도 모르는) 그대로 있을 것입니다. 아직 예정이 없습니다.

Mun 선인이 되고 싶지는 않으신지요?

Jesus 되고 싶지요.

선인은 우주를 구성하고 있는 모든 존재의 궁극적인 목표입니다.

능력이 안 되므로 못하고 있는 것이지요.

저도 되고 싶습니다.

하늘과 우주의 일을 열심히 하다보면 언젠가는 되겠지요.

Mun 수선재를 알고 계시는지요?

수선재의 가장 큰 맹점은 무엇이라고 생각하시는지요?

능력도 없는 사람이 사명을 맡고 밤잠을 못 이룰 정도로 고민만 잔뜩 하고 있습니다.

Jesus 알고 있습니다.

수선재를 어찌 모르겠습니까.

수선재의 가장 큰 맹점이라기보다는 장점은 하늘의 진리를 바로 편다는 것이지요.

인간에게 맞는 방법으로 바꾸어서 펴는 것이 아니라 하늘의 진리를 바로 펴는 것이므로 보통 수준의 인간들이 알아듣기에는 어려울 수 있습니다.

이것을 보다 쉽게 펴는 방법을 연구해 보는 것이 좋을 것 같습니다.

쉬운 방법을 찾아보십시오.

보통의 인간들은 어려우면 잘 알아듣지 못하지요.

간혹 아주 엉뚱한 방향으로 나가기도 하니까요.
쉬운 방법, 즉 대중화의 길을 모색하는 것이 하늘의 길을 잘 펴고 그것으로 성공하는 길입니다.
우매한 대중들을 사로잡을 수 있어야 뜻을 널리 펼 수 있지요.
저는 인간들이 하늘이 될 수 있다는 말을 하지 않았습니다.
저의 목표는 "하늘이 존재한다는 것을 알리고 하늘의 뜻에 맞추어 살아야 함을 가르치는 것"이었지요.
보통의 인간으로서는 하늘이 되고자 하는 목표 자체가 맞지 않는 경우가 많으므로 방법을 다소 변화시키는 것이 좋을 것 같습니다.
"선인화의 길"과 "보통의 인간으로서 잘 살아가는 길"을 명확히 구분하여 지도하는 것이 나을 것 같습니다.

## 피라미드와 팔문원의 차이

Mun 예정했던 대로 이스라엘 여행을 다녀왔습니다.
이집트와 요르단도 잠시 둘러보았습니다.
피라미드는 무엇이라고 생각하시는지요?
단순한 무덤인지요, 아니면 다른 별에 기운을 보내고 받는 장치였는지요?

Jesus 우주의 별은 각기 다양한 별간의 교류를 통하여 진화합니다.
따라서 각 별간에 정보를 교류할 수 있는 장치를 구비하고 있지요.
이러한 장치중 하나가 피라미드이며 원래 이집트의 피라미드는 지구에 왔던 우주의 선조들이 지구의 파장을 우주의 특정별과 연결함으로써 지속적으로 파장을 송수신 하고자 하는 뜻에서 만든 것입니다.

이러한 정보교류를 통한 진화는 등급이 가장 유사한 별들 간의 교류를 통한 정보의 습득이 진화의 가장 큰 원동력이 되기 때문이지요.

지구에 내려왔던 우주의 선조들은 가장 유사한 등급의 별에서 발산하는 에너지를 받아들일 수 있는 안테나가 필요하였습니다.

이 안테나는 지구에 존재하는 물질로 하늘의 파장을 받아 만들었으나 안테나를 작동시킴에 있어서는 지구의 동력으로 가동하여야 하였습니다.

지구의 동력은 바로 지기이며 이 지기는 지구의 내부에서 발원하여 외부로 뻗어나가는 것과 하늘에서 받아서 다시 내보내는 두 가지의 경우가 있습니다.

피라미드는 지기를 이용하여 지구의 파장을 우주로 보내던 송수신 안테나였지요.

이 주변에서 물질의 변화가 다른 곳과 다른 결과가 나오는 등 다양한 현상이 가능했던 것은 안테나에서 발산되는 이 충만한 기운이 원인이 되어 가능했던 것입니다.

피라미드가 항상 통신이 가능했던 것은 아니며, 일정한 방향이 있어 하루 한번 0시(밤 12시)에 향하는 방향으로 통신이 가능하였으나 순간에 전송되는 정보의 량은 지구 전체가 수일간 사용할 수 있는 정도의 량이어서 상호 교류에 무리가 없었습니다.

지구의 동서는 자전에 따라 달라지는 것이나 남북은 우주에서도 공통적으로 사용되는 방향이며, 이 방향과 피라미드가 0시에 향

피라미드를 이용하면 연결된 별의 파장을 받을 수 있습니다.
그러나 현재 수선재에서 사용하고 계신 팔문원을 이용할 경우 우주 본체의 파장을 내부에서 만들어 낼 수 있으니 근본적인 원리가 다르기 때문입니다.

하는 방향을 알면 우주의 어느 곳도 찾아갈 수 있는 지표를 알 수 있습니다.

피라미드를 무덤으로 사용하게 된 계기는 원래의 우주인들이 송수신용으로 만들어 놓았던 높이 5미터 정도의 석조 피라미드에서 우주 기운의 힘을 발견한 당시의 인간들이 이것을 크게 만들어 더욱 강력한 파장을 받고 천수체[33]인 왕들의 시신을 영원토록 보관하고자 하는 용도로 사용하고자 함에서 기인된 것이며 이 외에도 다양한 기능을 이용하고자 함에서 비롯된 것입니다.

이러한 당시 인간들의 의도가 우주의 다른 별과의 의사소통을 가능케 하여 지구과학의 발전을 앞당긴 것이지요.

이 기능은 현재에도 유효하기는 하나 상대별의 선조들이 다른 별로 이동함으로서 받을 수 있는 고급정보는 별로 없을 것이나 기운은 받을 수 있을 것입니다.

당시에는 파장이 연결된 우주인들의 도움으로 현재의 과학기술로서 가능한 것들이 지상에서 만들어져 사용될 수 있었던 것입니다.

피라미드를 이용하면 연결된 별의 파장을 받을 수 있습니다.

그러나 현재 수선재에서 사용하고 계신 팔문원[34]을 이용할 경우 우주 본체의 파장을 내부에서 만들어 낼 수 있으니 근본적인 원리가 다르기 때문입니다.

즉 피라미드는 안테나의 역할을 할 뿐이나 팔문원은 기운을 생성하는 역할을 하지요.

## 이스라엘 땅의 척박함을 택하다

Mun 소돔과 고모라[35)]는 어디인지요?

혹자는 이스라엘에 있다고 하고, 혹자는 요르단에 있다고 합니다.

Jesus 사해 서남쪽에 중복되어 있습니다.

다양한 중소도시들이 산재하여 있었으며, 이 중 대표적인 두 개의 도시가 소돔과 고모라입니다.

Mun 이스라엘이 생각했던 것보다 훨씬 척박한 곳이어서 놀랐습니다.

많은 지역 중에서도 저는 갈릴리 호수 주변이 마음에 들더군요.

예수님께서 가장 사랑하신 곳은 어디였는지요?

Jesus 저는 풍요로운 곳 보다는 척박한 곳의 사람들이 마음이 순수함을 알고 있었습니다.

척박한 곳에서는 가질 것이 없으므로 사람들이 최소한의 물질만으로도 만족하며 살고 있습니다.

허나 풍요로운 곳에서는 인간의 욕심을 부추길 수 있는 많은 것들이 있어 인간의 마음을 더욱 황폐하게 하기도 합니다.

인류 문명의 시발이 되었던 곳의 문명이 망하게 된 원인은 바로

---

33) 천수체는 하늘에서 명을 결정하고 관장하며 하늘기운으로 사는 천수인을 말한다. 그렇지 않은 사람들은 지수인이라고 하는데 지수가 정해져 있는 사람들로써 태어난 곳의 기운으로 생명을 받아 살아가게 된다. 지구상에 천수체와 지수체는 반반씩 있다.

34) 선계, 즉 우주를 형상화한 것으로 가운데의 원은 우주자체, 진리, 스승의 가르침을 상징한다. 피라밋이 우주에 있는 별과 기운을 주고 받는 안테나 역할만을 하는 반면 팔문원은 그 역할과 더불어 자체에서 기운을 생성할 수 있는 장치이다.

35) 소돔과 고모라는 범죄와 패악이 극에 달해 하느님이 유황불로 멸망시킨 도시의 이름이다. 천사가 알려주어 아브라함의 조카인 롯의 가족들만 피신하였다. – 창세기 18~19장

이러한 물질의 유혹을 긍정적으로 받아들여 진화의 수단으로 삼지 못하였기 때문입니다.
물질이란 인간을 풍요롭게 할 수 있는 반면 인간을 가장 황폐하게 할 수도 있는 양면성이 있으므로 이것으로 가장 인간을 정확하게 측정할 수 있습니다.
저는 이스라엘 지역의 황폐함을 인간의 본성을 찾는 교재로 사용하고자 했던 것이며, 그 목적은 소기의 성과를 거두었다고 생각합니다.
부유한 동네보다 달동네가 이웃 사람들 간에 정이 많듯 황폐한 자연환경 속에서 발견되는 인간의 정서는 물질적 풍요 속에서 나오는 정서와 차이가 있으며 보다 인간의 근본적 심성에 가까울 수 있습니다.
물질은 잘만 통제하면 인류문명을 부흥시키지만 그렇지 않으면 곧 바로 멸망으로 이끌 수도 있어서 인간을 교육시켜 그 결과를 알아보려 할 때 가장 중요한 척도가 됩니다.
수선재에서 돈 공부를 주요 공부 과제로 선택하시는 이유가 이에 근거하지요.
황야는 그 자체로서 인간들이 노력을 하지 않으면 생활이 불가능한 곳입니다.
그 노력의 결과도 하늘과 직결되어 있으며, 하늘의 보살핌이 없으면 생존 자체가 어렵습니다.
벌거벗은 상태에서 인간은 하늘을 가장 가까이 느낄 수 있으며, 그것이 가장 정확할 수 있습니다.
이스라엘이 아니더라도 인간이 하늘을 가장 정확하게 느끼려면 주변에 유혹의 대상이 될 수 있는 것이 아무것도 없어야 합니다. 권력이든, 이성(異性)이든, 명예든 그것이 정상적인 활동의 결과로 나타나야 하며 무리하게 추구하여서는 안 되는 것이기 때문입니다.

아무 것도 비울 것이 없을 만큼 비워졌을 때 인간은 가장 하늘에 가까워지는 것이나 이 경우 보이는 것은 없어도 그만큼 얻어지는 것이 있음을 말해주는 것입니다.

아무런 물려받은 것이 없이 태어나서 자신이 원하는 것을 구했다가 다시 그것을 하늘로 돌려놓는 것은 엄청난 하늘의 은총이 있습니다.

비워지는 량은 곧 하늘로 채워지는 량과 정확히 일치합니다.

도박으로 돈을 잃었을 경우와 하늘을 위해 사용하였을 때 경제적인 손실액은 동일하나 그 결과는 천양지차가 있는 것입니다.

황야에서 오로지 자신의 노력으로 구했다면 그만큼 많은 노력이 필요할 것이며, 그 결과에 대하여 승복할 수 있을 것입니다.

노력의 량 또한 정확히 측정할 수 있습니다.

하지만 자신의 노력으로 구해지지 않았을 때 인간은 더욱 겸손치 못하고 욕심을 부리는 것입니다.

이러한 변수가 최대한 없는 곳이 황야이며, 이 황야로부터 얻을 수 있는 교훈은 바로 하늘의 뜻을 알게 되는 것이기 때문에 저는 인간에게 가르침을 내리고자 하는 장소로서 황야지방을 선택하였던 것입니다.

이스라엘의 어느 지방을 특별히 사랑한 것은 아닙니다.

모든 곳을 사랑하고 아꼈으며, 이스라엘이 아닌 그 주변의 다른 곳들도 저는 너무 아꼈던 곳들입니다.
제가 갔던 곳이든 아니든 인간에게 배움을 내릴 수 있는 모든 곳을 사랑했습니다.

### 진화할 수 있는 이유

Mun 이 세상에서 가장 힘드신 분이 예수님이시라는 생각을 하였습니다.
너무나 많은 제자를 두고 계신데다 가 그들이 서로 싸우고 있으니 마음이 편치 않으실 것 같습니다.
어떠신지요?

Jesus 많은 제자들을 두고 있는 것은 인간의 다양성으로 인하여 당연히 다툼이 있을 것임을 전제로 한 것입니다.
인간의 경우 앞으로 나갈 때 왼발과 오른발이 각기 다르나 협조하여 걸어가듯이 인간의 진화도 두 가지의 조건이 전제가 되어 나가는 것입니다.
하나는 진화하려는 움직임이며, 하나는 퇴보하려는 움직임입니다.
진화의 움직임만 있다면 인간이 신이 됨에 걸림이 없을 것입니다.
하지만 인간의 가장 큰 전제인 미완성의 가장 큰 부분이 바로 진화와 아울러 퇴보라는 방향으로도 지속적인 움직임을 갖는다는 것입니다.
그래서 중간에서 약간 앞으로 나가려는 힘이 가장 오래가고 발전적인 것이며, 이 힘을 지속적으로 유지한다면 신의 반열에 오를 수 있는 것입니다.

제가 갔던 곳이든 아니든 인간에
게 배움을 내릴 수 있는 모든 곳을
사랑했습니다.

견해차이로 인한 다툼은 당연한 것이며, 이것을 이용하여 진화를 하는 것이므로 리더는 이러한 차이를 진화의 방향으로 나가도록 할 수 있어야 합니다.

싸움은 당연한 것이며, 이렇게 되도록 프로그램 되어 있었던 것이므로 제 마음에 불편함이 없습니다.

선생님의 이스라엘 방문과 저와의 대화에 대하여 깊이 감사드립니다.

저와 저의 제자들에게 크나큰 축복이 되었습니다.

수선재에 많은 발전이 있으실 것입니다.

## 에필로그_ 저자가 이스라엘 행련을 떠나기 전과 다녀온 후 제자들에게 보낸 서신입니다.

5월 31일부터 열흘간 이스라엘에 다녀오고자 합니다.
예수님과의 대화는 거의 끝낸 상태이나 현지에 가서 확인할 것이 있어서입니다.

지난 앙코르와트 행련에서는 두 가지를 얻었습니다.
첫째는 지상에서 가장 신을 사랑한 나라의 선조들과 교류한 것이고, 둘째는 아시아인들의 저력을 본 것입니다.

일본에서부터 중동을 거쳐 터키에 이르는 지점에 무한한 가능성이 있음을 확인하였습니다.
특히 앞으로 세계를 이끌 종족은 인도차이나(베트남, 라오스, 캄보디아)와 말레이시아, 태국, 인도, 중국, 터키, 인도네시아 등 아시아 지역에 있음을 보았습니다.
지구의 5대 종교(불교, 천주교, 기독교, 이슬람교, 힌두교) 또한 모두 아시아에 기반을 두고 있더군요.
아시아를 더욱 가까이 하고자 합니다.

앙코르(캄보디아)는 전 세계에서 가장 아름답고 정성스러운 신전을 지니고 있는 곳이었습니다.
신전으로 대표되는 그리스를 뛰어넘는 경지였습니다.
선계에서 왜 제게 앙코르와트를 보고 오기를 바라셨는지를 알았습니다.
섭씨 40도를 오르내리는 무더위 속에서 신전을 짓느라 온갖 정성을 다한 모습을 보기를 원하셨던 것이죠.

정글 지역에서 귀한 돌을 재료로 하여 조금 더 하늘에 닿고 하늘과 통하기 위하여 높이 쌓아올렸으며, 무더위 속에 공중에 매달려 돌에 온갖 조각을 하였더군요.
땀을 비 오듯 흘리며 그러한 신전을 구경하는 것도 고행인데 하물며 그 신전을 완성시킨 그들의 고행은 짐작도 하지 못하겠더군요.

혹자는 그러한 신전을 짓느라 국민을 동원한 왕들을, 국민을 착취한 독재자라고 말하지만 하늘에서 볼 때는 신전을 짓는 일같이 훌륭한 교화 방법은 없는 것입니다.
인생은 어차피 고행이므로 같은 고행이라도 그들의 것은 의미 있는 고행이었으며, 고행이자 예술이며 문화를 창조하는 일이었지요.
그들이 남긴 훌륭한 문화유산으로 인하여 후손들이 오래도록 먹고 살 수 있는 것이고요.

비록 그들의 힌두신들이 선계에서 보면 수준 높은 신들은 아닐지라도 그들이 신을 향하여 한마음으로 임했기에 천 년이 지난 오늘까지 그 자취가 남아 있는 것이겠지요.
그들은 신들로 대표되는 하늘에 정성을 다한 것이지만 결국은 자기 자신들에게 정성을 다한 공부를 한 셈이지요.

정성이 하늘에 닿으면 그들 자신이 신이 되는 것이기 때문이지요.
신은 머리와 입으로 되는 것이 아니라 정성을 다한 몸으로 되는 것입니다.

신전 작업에 참여했던 앙코르의 민초들에게 한없는 존경과 축복을 보내고 왔습니다.
하늘을 향한 그들의 무지막지한 정성은 저도 엄두조차 내지 못하는 경지이더군요.

이번 이스라엘 행련에서도 많은 것을 느낄 것입니다.
벌써부터 기대가 됩니다.
함께 다녀오고 싶지만 고생길이므로 먼저 다녀오겠습니다.

건강하십시오.

2

돌아온 첫날 아침에 비가 내리는 군요.
이제부터는 비를 좋아해야겠습니다.

성서에 나오는 에덴동산은 이스라엘 일대를 말하는 것으로서 에덴동산은 젖과 꿀이 흐르는 비옥한 곳이 아니라 광야였다는 것을 확인하였습니다.
모세와 예수 등 많은 선지자들이 하늘과 통하는 장소로 광야를 택한 이유를 알았습니다.
아무 것도 없는 광야에서는 하늘을 바라보는 일 말고는 할 일이 없더군요.
헌데 그 광야에는 어떤 기운도 남아 있지 않았습니다. 사명을 다한 땅이라서 그런지 아니면 처음부터 그랬는지는 모르겠습니다만….

이슬람교, 기독교, 천주교, 유대교 모두 나름의 힘겨움을 안고 고통스럽게 존재하고 있음을 알게 되었습니다.
기득권과 함께 각자에 대한 비난과 도전이 만만치 않음을 자신들이 너무나 잘 알고 있기 때문이지요.

행련 중에 얻은 많은 느낌들은 어떤 식으로든 책으로 풀어낼까 합니다.
행련 내내 여러 분의 마음을 느낄 수 있었습니다.
함께 해주셔서 고맙습니다.

문화영

**명상학교 수선재_** 맑고 밝아져서 따뜻한 마음의 향을 느끼게 하는 사람… 하늘 사랑, 자연 사랑, 사람 사랑을 실천하는 사람… 1998년 창립된 명상학교 수선재(樹仙齋)가 추구하는 인간다운 인간의 모습입니다. 명상학교 수선재는 요가, 기체조, 그림명상, 단전호흡 등 대중적인 명상 코스를 포함하여 깨달음을 위한 심공(心功) 코스인 선계수련에 이르기까지 적합한 수련법과 체계적인 프로그램으로 운영되고 있습니다.

* 국내 주요 도시와 해외 각국(미국, 중국, 호주, 남아공 등)에 지부가 개설되어 있습니다. 문의하실 분은 1544-1150(국내만 가능)으로 전화하시면 상세한 안내를 받을 수 있습니다.

www.suseonjae.org

## 선계수련 과정

넓게 보면 선계 수련의 모든 과정이 심공수련이므로 각 과정은 모두 심공 수련 안에 포함이 됩니다. 이 중에서 기공 단계는 모든 이에게 공통되는 과정이며 나머지 과정은 각자의 수련 스케줄에 따라 순서가 변경 될 수 있습니다.

### 1. 기공(氣功) 과정

**기감 개발** : 우리가 말로만 듣고 실제로는 느끼지 못하던 기에 대한 확인 과정이다. 기감 개발이 가장 쉬운 방법은 장심(掌心)을 열어 장심을 통하여 두 손바닥에서서로 끌어당기고 밀어내는 인력(引力)을 강화하는 방법이다.〈수련법 : 장심개혈법〉

**축기** : 기를 수련 등에 사용하기 위해 몸 안의 일부에 모으는 과정이다. 초심자의 경우 주로 단전에 축기하게 되며 수련 초기 단전의 형성은 이 수련의 진도에 절대적인 영향을 미친다. 단전에서 주먹 크기의 기체(氣體)를 형성한 후 점차 강화하면 기운이 생기게 되며 이 기운으로 인체 내부의 기혈을 연다. 단전호흡의 방법이 사용되며 단전이 축구공만큼 커지면 경락이 열리는 기반이 조성된다. 오랜 기간 수련을 했는데도 진전이 없다면 이 단계를 소홀히 했기 때문이다.〈수련법 : 하단 축기법〉

**수기(受氣)** : 내 안의 기운을 모으는 것만이 아닌 외부의 기운을 받는 수련이다. 외부의 기운 중에는 우주기, 천기(天氣), 지기(地氣), 인기(人氣)가 있는데 이 수련은 주로 우주기와 천기의 수기 수련이다. 우주기와 천기를 지구의 주파수에 맞게 바꾸어 주는 천선줄은 수련 지도자가 하늘의 도움으로 설치한다.

**소주천** : 기운으로 임 · 독맥 등 인체 내의 기운이 흐르는 모든 길을 여는 과정이다. 인체 내에 기운이 모이면 흐르게 되며, 이 흐르는 기운을 정상적인 통로로 유통하여 주요 혈을 여는 기법이다. 평소 사용하지 않던 기맥을 연결하여 다음의 대주천에 대

비한다. 〈수련법 : 중단 개혈법, 독맥 개혈법〉

**대주천** : 소주천 과정이 끝난 수련생이 외기(外氣)와의 유통 경로를 여는 것이다. 천지 기운을 모두 받아들일 수 있는 경락이 열리게 되며 이 과정을 거치면 진정 하늘 공부를 할 수 있는 사람이 된다. 수련을 열심히 할 경우 기공 과정을 일년 안에 마치게 된다.〈수련법 : 대주천 수련법〉

## 2. 신공(身功) 과정

### 기변법(몸 안의 기운을 바꾼다)

**천지유통** : 하늘은 땅이 있으므로 있고, 땅은 하늘이 있으므로 있는 것이다. 하늘과 땅은 둘이 아니고 하나요, 하나이면서도 둘인 것이다. 하나이면서도 둘이고 둘이면서도 하나인 원리를 터득하기 위한 수련이다.

**지수화풍** : 모든 기운은 하나이다. 그 하나 속에서 자신의 기운을 점차 하늘의 기운으로 바꾸어 간다. 이 단계를 익히면 마음이 평온해진다.

**건곤일척** : 하늘을 우러러 자신의 모든 허물을 벗어버리는 수련이다. 이 과정을 겪음으로써 모든 것을 대함에 떳떳해진다. 자신이 겪고 있는 업에 대한 인식이 바뀌고 업이 정당한 것이며 이 업을 금생에 벗어나기 위해 어떻게 해야 하는가를 생각하며 하는 수련이다.

### 신변법(몸을 바꾼다)

**화룡점정** : 기적인 세계를 보는 안목을 키우는 수련이다. 이 수련을 거치면 기적인 세계를 보고 이것을 인간 세계에 이용하는 법을 배운다. 기안(氣眼)을 열고 이 눈으로 기계(氣界)를 보며 기계의 선진기술을 인간 세계에 이용하도록 하는 것이다. 하늘을 알고, 하늘의 법도를 배우며, 하늘의 뜻을 실천하는 사람이 되기 위해 필요한 과

정이다.

**육기조화** : 인간의 몸을 가장 조화로운 상태로 만드는 수련이다. 육기란 오장육부의 모든 기운을 말하며 이 모든 기운들이 조화됨으로써 가장 강력하고 균형 잡힌 인간이 형성되는 것이다.

**기운법(몸 안의 기운 뿐 아니라 주변의 기운도 바꾼다)**

**관운기화** : 자신의 주변을 둘러싸고 있는 기운을 바꾸어 좀 더 편히 수련에 임할 수 있는 분위기를 만들어주는 수련이다. 이 수련을 함으로써 자신이 당하고 있는 문제를 객관적으로 보고 내가 겪어야 할 이유에 대해 알게 된다. 이유를 알았다는 것은 자신의 일을 알게 되는 것으로써 체념이나 포기와는 다른 벽을 넘게 된다. 마음이 불편할 때 하면 좋다.

**상비조화** : 사람의 모든 기운은 우주의 모든 기운과 조화되어 일체를 이루도록 되어 있다. 상비란 사람이 수련을 하여 인체의 기운이 하늘 기운이 되는 것을 말하며, 하늘 기운이 된 상태에서 조화를 이루는 것을 말한다. 몸이 맑아지며 판단을 하는 데 실수가 적게 된다.

**구룡비상** : 이상의 수련을 정상적으로 한 사람이 천상 세계를 직접 관찰하며 수련의 의미를 다지는 수련이다. 현재의식에서 탈피하여 무의식으로 들어가며, 무의식에서 천상의 파장과 일체를 이루어 방송국에서 보내는 주파수를 텔레비전으로 보듯 천상 세계의 일이 손에 잡힐 듯 보인다. 이 단계에서는 호흡 수련의 강화가 더욱 필요하다.

**강화신천** : 현재까지의 수련을 강화하는 단계이다. 사람의 기운은 마음이 바탕이며 몸이 표현 수단이므로 몸을 가꾸는 것은 마음과 일체가 되어야 가능한 것이며, 몸과 마음이 일체가 되고 나서 진정한 기운의 변화가 일어나는 것이다. 이 수련은 몸과 마음을 변화시켜 수련자 자신은 물론 주변까지도 평안하도록 하는 것을 목표로 한다. 이 단계를 거치면 내기(內氣)가 강화되고 자신의 주변 기운도 강화되므로 어떤 사기

(邪氣)도 범접하지 못하게 된다.

**상식오비** : 현재까지의 신법을 총 정리하는 수련이다. 이 수련은 바뀐 몸과 몸 주변의 기운을 다지는 것이다.

이상과 같은 신법(身法) 수련으로 수련의 중급 과정은 끝나게 되며 다음은 고급 과정인 신법(神法)이나 심법(心法)으로 들어가게 된다. 신법은 영(靈)으로, 심법은 마음으로 가는 수련이므로 기에 관한 기반이 조성되어 있지 않으면 진전이 불가능하고 효과가 나타나지 않으므로 안 한 것만 못한 결과가 된다.

### 3. 신공(神功) 과정

신공(身功) 과정을 통해 영적인 눈이 열리고 몸과 마음이 준비된 상태의 사람에게만 시키는 수련으로서 이 단계를 거치면 신과 우주인, 그리고 타 영들과의 대화가 가능하다. 수련생들이 옆길로 빠지게 되는 확률이 높은 수련이므로 필수 과정은 아니나 보이지 않는 세계에 대한 확신을 가질 수 있게 된다.

### 4. 심공(心功) 과정

이상의 과정을 통하여 몸과 기운이 정화된 사람이 깨달음을 얻기 위하여 본격적으로 마음공부에 들어가는 수련이다. 경우에 따라 금촉수련이 요구되기도 하나 각자의 스케줄에 의해 다른 경우도 있다. 자신이 누구인지와, 자신의 역할과 사명에 대해 알게 된다. 이 과정에서 본성(本性)을 만나게 된다. 기운뿐 아니라 모든 해결 방법을 자신 속에서 찾는 수련이므로 기초 작업을 완전히 다진 후 들어가지 않으면 수십 년이 걸리거나 실패하는 수도 있다. 1단계의 심공은 인간세계에서의 마음 자세를 배우고, 2단계의 심공은 천상계에서의 마음 자세를 배운다. 이 과정을 끝내면 천인(天人)이 된다.

# 깨달음의 단계

**초각(初覺)**

기초적인 정보를 아는 것. 이것은 호흡과 의식으로 가능하다. 이 단계에서 수련생들은 모든 것을 안 것과 같은 착각을 하게 되며 전부 깨달은 듯한 착각에 빠지는 것이다. 시험은 이 단계에서 가장 많이 오며 99%의 수련생들이이 초각에서 중각으로 넘어가지 못하므로 결국 초각에서 수련을 멈추게 된다. 항해에 비하면 막 출항한 단계이다. 수련의 재미를 알고 기의 용법을 알아 수련이 재미있게 되며 급진전이 있는 것도 이 단계이다. **(지기(知氣) 단계 – 습기(習氣) 단계 – 용기(用氣) 단계)**

**중각(中覺)**

자신과 우주에 대하여 아는 것. 서로 비교하면서 자신의 보잘 것 없음을 알게 되며, 이 단계에서 자신의 명(사명)을 알게 된다. 이 단계에 오면 다른 사람의 앞에 나섬을 두려워하게 되며 우주에 대한 경이로움으로 스스로 겸손하게 된다. 이 단계에 들기 직전 엄청난 두려움과 시련이 닥쳐오며 기존의 항로에서 벗어나 새로운 길로 가게 된다. 기존의 사고방식과 수련 방법에 있어 일대 전환이 필요하며 중각의 단계를 벗어나기까지 무한한 인내를 요한다. 본격적으로 이 중각의 경지에 들면 마음의 평정을 찾아 어떤 동요가 와도 흔들림이 없으며, 마냥 편한 가운데 정진하게 된다.

**(지심(知心) 단계 – 습심(習心) 단계 – 탈심(脫心) 단계(불교의 해탈, 대각))**

**종각(終覺)**

자신과 우주를 알고 다시 자신에게서 우주를 발견하게 되는 단계. 수련의 완성기이며, 이 단계에서는 자신의 모든 판단이 우주의 판단과 일치하여 어떠한 생각을 해도 실수가 없다. 종각을 향해 나아가는 것이 선계수련의 길이다. 이 단계에서 선계 1등급 진입이 허락되며 우주와의 합일 정도에 따라 1~10등급까지 구분된다.

천서는 하늘의 기운인 천기(天氣)상태로 존재하는 우주의 모든 것에 대한 자료를 명상을 통해 해독한 것입니다.

천기란 천지창조의 모든 것을 담고 있으므로 천기를 통해 우주의 근본 원리와 우주와 하늘과 인간의 모든 것을 알 수 있습니다.

천서는 채널링과 확연히 구분되는데, 채널링은 받는 사람의 의사와는 관계없이 전달하고자 하는 쪽의 의사에 따라 일방적으로 주어지는 것으로 받는 사람은 내용을 알지 못하는 경우가 많습니다. 흔히 말하는 접신이나 빙의와 같은 상태로서 메시지의 수준 또한 전달하는 쪽의 수준에 따라 천차만별입니다.

천서는 채널링과 같이 수동적으로 받는 것이 아니라 명상을 통해 주도적으로 알고자 하는 정보를 알아내는 것입니다. 명상 시의 파장이 알파 0.0001 이하에 닿아있어야 하며, 받는 사람의 수준이 천서의 근원인 우주 본체(하늘1=선계)에 도달해 있어야 받을 수 있습니다.

## 조물주 님은 누구이며 누가 창조하였는가

조물주는 한 분이며 이 한 분의 의사를 표현하는 개체는 수없이 많다.

이들은 각 선인들 및 수련생들로서 각각의 영역에서 모든 임무를 수행하고 있으며 이러한 임무 중의 중요한 부분이 선인들에 의해 이루어지고 있다.

조물주는 우주의 전부이며, 선인들은 우주의 일부이다. 즉 선인들은 우주를 구성하고 있는 요소이자 그 자체가 우주의 일부인 것이다.

우주란 그 기능이 복잡하고 다단하며 선인이라고 하여도 하급일 경우에는 우주의 전부를 알 수 없을 만큼 넓다.

6등급 이상이 되어야 우주의 전체 구조를 대강 알 수 있을 정도이며 8등급 이상 되면 대부분 이해를 하고 9등급이 되면 전체를 알게 된다.

모든 별들 역시 우주의 일부이기는 하나 우주에서 주도적으로 업무를 처리해 나가는 분은 조물주이며 이 조물주의 뜻을 받들어 각기 역할을 수행하는 것이 선인들의 임무이다.

이 방향에서 일하는 분들이 우주의 주체이다.

지구나 동식물, 인간 등의 경우는 주체적인 위치가 아니라 객체적인 입장에서 조물주의 통제하에 입력된 기능을 수행하는 것이며, 주관적인 입장에 서 있지 못하므로 주어진 범위를 벗어날 수 없다. 따라서 우주의 일부를 구성하고 있으면서도 객체라고 할 수 있다.

국가 기능으로 보아 같은 나라의 구성원이면서도 대통령, 각 부 장관 등이 정책을 결정하고 이를 집행하고 있으며 국민이 이를 따르는 것과 같다.

나라의 주인을 국민으로 모시는 것은 국민의 뜻을 정확히 읽고 이들이 편안한 삶을 보낼 수 있도록 하자는 것인바, 대개의 지도층들이 이러한 것을 자의적으로 해석하고 악용하여 국민을 우롱한 경우가 있어왔으나 이러한 것들은 지구에서나 가능한 일이다.

지구는 다소간의 역량의 차이는 있으나 외면상 동일한 인간들끼리의 집단이므로 형평성의 원칙이 적용되는 것이다.

그러나 우주란 넘어설 수 없는 장벽이 존재함으로써 이러한 형평성이 제기될 여지가 없다.

이는 차이로서 존재하며 이 차이를 극복하는 방법은 우주의 본체로 진입하는 방법밖에 없는 것이다.

수련의 이유는 본체의 진입이며 이것만이 인간으로서 고해에서의 짧

디짧은 한평생을 더없이 값지게 보낸 것에 대한 보람인 것이다.

조물주는 우주 그 자체이다.

우주란 원래 기(氣)적인 상태로 존재하였으며 이러한 것은 누가 만든 것이 아닌 자연발생적인 것이다(진화론).

무(無)에서 출발한 기(氣)는 점차 무(無)가 소량의 미립자 상태로 변하면서 어떠한 특성을 띠게 되었으며 이 특성을 가진 미립자가 동일하거나 상이한 미립자끼리 밀고 당기며 뭉치고 흩어지는 힘이 작용하면서 기적인 진화가 이루어졌고, 이 기적인 상태가 점차 진화하여 일정한 의사를 가지게 되었으며 나름대로 어떠한 룰(rule)을 가진 조물주가 탄생한 것이다.

수조 년에 걸친 진화의 결과이다.

원래 공간은 무(無)이자 공(空)이었으며 이 공간에서 기적 변화에 의한 진화의 결과가 바로 조물주이며 다시 조물주의 뜻에 의해 우주가 만들어진 것이다.

따라서 조물주의 고향은 무(無)이자 공(空)이며, 이 조물주의 고향을 찾아 들어가려는 노력이 인간을 비롯한 다양한 고등생물체에 의해 이루어져 왔다.

조물주 역시 무(無)이자 공(空)인 고향을 그리는 마음이 항상 내재하고 있으며 이러한 뜻을 이어 받은 고등생물체들이 무(無)와 공(空)을 익혔을 경우 자신의 대열에 포함시키므로 우주의 진화에 동참하여 자신의 역할을 수행할 수 있도록 하고 있는바, 이들이 바로 선인(仙人)이며 선인이 우주의 일부를 구성하고 있는 이유이기도 하다.

## 지구 창조 목적

생물성은 등급이 높은 별들이다.
전체 10등급 중 7등급 이상이 지능이 있는 생물체가 거주하는 별이며, 이러한 별들은 무생물성에 비하여 다양한 요소로 구성되어 있다.

이 구성 요소 중 가장 중요한 것이 바로 기(氣)에 생명을 불어넣는 기운으로서 일명 생기(生氣)이다.

아무리 물(物)이 많이 있어도 이것에 생기가 불어넣어지지 않는다면 단순히 물(物)일 뿐이며 이것에 생기가 불어넣어짐으로 인하여 생물이 되는 것이다.

이러한 생물은 처음에는 단순한 세포 하나에서 시작되나 생기의 존재량에 의해 점차 진화를 거듭하면서 동물로, 인간으로 진화되어 가는 것이다.

이러한 과정에서 수백억 년이 걸린다.
수백억 년이 긴 시간으로 생각될 것이나 빅뱅(Big Bang)이 우주의 입장에서는 한순간의 불꽃놀이와 같음을 안다면, 한 개의 세포가 발아되어 영장류로 성장하기까지의 수백억 년은 불꽃놀이의 불가루 하나가 타는 시간과 같으니 조물주의 입장에서는 한순간에 만들어 내는 것과 다름없는 것이다.

이러한 과정에서 생물성의 배치는 이미 기를 분배할 당시에 조정된 것이며 이 기적인 상태 여하에 따라 발전 정도가 정해지게 되는 것이다.

별에도 등급이 있어 1~4등급까지는 무생물성으로서 생기가 전혀 없는 별이며 5~6등급은 생기가 있기는 하나 잠재되어 있어 생기의 보따리를 풀지 않은 별이고, 7등급 이상은 생기가 있어 물(物)만 있으면 생물이 탄생 가능한 별이다.

이러한 생물체가 탄생하여 거주한다고 해도 7~9등급성에서 존재하는 것이며, 10등급성은 선인(仙人)들이 거주하는 곳이다.

이 별은 모든 조건을 완벽하게 갖추고 있으며 인근 성단의 생기 배분 기능과 별 간의 기능 조정 역할을 하는 곳이다.

9단계에 가면 모든 기적 요소가 없는 것이 없으며 여기에 거주하는 인류들은 이미 신의 영역에 거의 다가간 존재들로서 인간들이 신의 영역이라고 생각하는 부분이 일부 가능하다.

헤로도토스는 9.6등급성이며 헤드로포보스는 9.2등급성이다.
북극성은 8.6등급성이며 안드로메다 성운 내에는 8등급성이 8개정도 있다.

이러한 별무리 중에는 고난도의 수련을 할 수 있는 별들이 혼합되어 있다.
군에 비유한다면 특수 부대 훈련장 같은 곳으로서 이러한 과정을 수료하고 나면 이후의 과정에서 특혜를 받는 것과 같은 것이다.

현재 지구는 7.8등급성이나 생기의 배치가 8.9등급과 같아 9등급성에 육박할 정도로 생기가 센 속성수련성(速成修鍊星)이며 따라서 많은 선인들이 이용하는 곳이다.

속성수련성은 난이도 높은 문제들이 출제되는 곳이며, 인간의 기준으로 본다면 도박판과 같은 성격이 일부 존재하는 곳이나 모든 것이 정법으로 풀리는 곳이므로 다른 여지가 없다.

지구에 생기가 많이 배치된 이유는 특수 부대의 경우 매일 특식이 나오는 것에 비유할 수 있는 것이다.

다른 성단에도 역시 지구와 같은 별이 많이 있다.
이러한 별들은 대부분 등급은 달라도 초등학교, 중학교, 고등학교와 대학교에 비유할 수 있으며, 각기 임무가 다르고 중요성이 있으므로 동일한 기준으로 설명할 수는 없는 것이다.

지구는 상당한 난이도를 지녔으며 이 별에서 문제를 정확히 푼다면 8등성 이상의 별로 승격이 가능함은 물론 10등성으로도 승격이 가능하다.

## 파장에 대하여

파장이란 선계의 존재 방법이며, 우주의 모든 것을 확인하고 그것을 내 것으로 하여 깨우침을 받을 수 있는 가장 직접적인 수단이다.

이 수단을 통하여 인간과 선계의 교류가 가능하며, 따라서 이 수파법(受波法: 파장을 받는 방법)은 인간이 선계를 확인할 수 있는 가장 직접적인 수단이고, 이 수파법의 완성은 인간이 신이 되는 방법이라고 할 수 있다.

인터넷이 www(world wide web)를 통하여 모든 것과 통하듯 우주는 파장을 통하여 모든 것을 공유한다.

파장은 우주의 근본 구성요소이자 우주의 존재를 알리는 방법이므로 파장을 통하여 우주가 존재함을 알 수 있게 된다.

인간이 우주의 파장을 알아내는 것은 불교에서 불경을 통하여 깨우치는 교종과 참선을 통하여 깨우치는 선종의 차이처럼 인간이 그동안 만들어 놓은 학문적, 실증적 자료를 통하여 확인하고 연구하는 방법과 호흡을 통하여 직접 확인할 수 있는 수련으로 알아내는 방법이 있다.

이 두 가지 방법 중 책을 읽고 연구하여 알아내는 방법이 필요하기는 하나 이러한 방법은 후학들이 호흡의 효능에 대하여 알지 못할 경우 가르쳐주는 교재로써 사용하기 위하여 좋은 방법이라고 할 수 있으며, 한 걸음 한 걸음 걸어서 계단을 올라가는 것으로 설명할 수 있다.

그러나 호흡을 통하여 선계의 파장을 직접 받는 방법은 앞의 방법을 뛰어넘어 순식간에 모든 절차를 초월해 나가는 것으로서 이 방법은 수련을 통하여 깨달음을 내 것으로 하고 그것에 일치하고자 하는, 인간을 비롯한 우주의 모든 존재들이 가장 선망하는 방법인 것이다.

이 길을 알려주는 가장 기본적인 방법이 바로 호흡이며, 가장 가까이 있고 그것을 깨닫는 즉시 내 것이 될 수 있음에도 모든 존재들이 멀리에서 방법을 찾음으로 인하여 허구 많은 세월을 통하여 수 생을 환생하면서도 찾아내지 못하고 있는 것이다.

우주는 인간으로 내려온 선인들과 선인이 되고자 하는 인간들에게 이러한 방법을 기본적으로 몸에 갖추도록 하였으며 따라서 인간의 형상을 하고 있는 동안 이러한 방법이 가능하도록 하여 놓았음에도 인간의 우둔함이 이를 깨우치지 못하여 수련에서 멀어져 있는 것이다.

파장을 받는 가장 기본적인 조건은 인간이 가지고 있는 감정의 틀에서 벗어나 이성의 파장으로 들어가고, 그 이성의 파장을 넘어 '알파 1'의 가장 근저를 이루고 있는 파장에 도달하였을 때 읽을 수 있다.

심해의 기저를 이루고 있는 층에는 우리가 상상할 수 없는 많은 것들이 있듯이 현실 공간에서 찾아낼 수 있는 것은 눈에 보이는 것뿐인 것이다.

허나 인간의 눈에는 보이지 않는 것들이 훨씬 더 많으며 보이는 것과 보이지 않는 것의 비율은 1:99 정도로서 안 보이는 것이 훨씬 더 많은 것이다.

보인다는 것은 인간의 시각으로 감지할 수 있는 것들인바 가시광선으로 일컬어지는 것으로서 이것의 한계는 너무나 분명한 것이다.

그러한 과정을 밟아 익혀 내 것으로 만들기 전에 들어오는 파장은 잠시 스쳐 지나가는 파장으로서 이 파장으로는 깨달음에 다가간다기보다는 속세에서 순간적인 사용이 가능한 정도에 그치는 것이다.

파장을 구하는 사람이 먼저 입선(入仙: 선계에 들어감)하게 되며, 이 입선으로 윤회의 사슬에서 벗어나게 된다.

파장은 인간의 몸으로 읽을 수 있으며, 이 파장의 힘으로 신의 경지에 올라가는 것이니 우주의 근본적인 원리를 어지럽히지 않는다면 가능하지 않은 것이 없는 것이다.

기안(氣眼)을 열고 이 기안의 숙련으로 파파(破波: 파장을 깸)를 하여 모든 것을 분석해 읽어낼 수 있게 되기 전에 감히 파장을 언급한다는 것은 어불성설이다.